设计战略思维 与 创新设计方法

张楠 著

Design Strategic Thinking & Innovative Design Methods

·北京·

内容简介

本书以设计学为主导,融合管理学思维,从创新设计程序的构建、创新设计方法的理论探索与应用实践三个层次,阐述企业与设计者如何利用设计战略思维指导下的创新设计方法,对品牌、产品、用户、服务、商业模式进行战略性重构与系统化创新,以实现由"制造"向"创造"的转变。

本书可供企业管理者、设计管理者、产品设计开发人员等相关从业者使用参考,也可供工业设计与产品设计专业学生阅读。

图书在版编目(CIP)数据

设计战略思维与创新设计方法 / 张楠著. —北京:化学工业出版社,2021.11(2024.1重印)

ISBN 978-7-122-39827-7

Ⅰ.①设⋯ Ⅱ.①张⋯ Ⅲ.①企业管理-产品管理 Ⅳ.①F273.2

中国版本图书馆CIP数据核字(2021)第176634号

责任编辑:冉海滢　刘　军
装帧装计:王晓宇
责任校对:王鹏飞

出版发行:化学工业出版社(北京市东城区青年湖南街13号　邮政编码100011)
印　　装:北京建宏印刷有限公司
710mm×1000mm　1/16　印张11　字数185千字　2024年1月北京第1版第5次印刷
购书咨询:010-64518888
售后服务:010-64518899
网　　址:http://www.cip.com.cn
凡购买本书,如有缺损质量问题,本社销售中心负责调换。

定　价:88.00元　　　　　　　　　　　　　　版权所有　违者必究

创新的源头在设计，设计不仅是一种实现创新的手段，更作为一种发展战略促使企业提升创新能力。随着工业4.0的发展，设计对推动企业创新的战略性作用逐步显现，大力推进制造业的创新设计能力，对落实创新驱动发展战略，提升中国制造的竞争力，实现从制造大国向创造强国转变具有重大而深远的意义。

"十四五"规划期间，工业和信息化部表示将继续推动工业设计深度赋能产业发展，积极推动工业设计服务链条延伸，将设计融入制造业战略规划、产品研发、生产制造和商业运营全周期，积极推动工业设计与制造业全领域的深度结合。然而，我国大部分传统制造企业并未认识到"设计"的战略价值，也缺少较为系统的创新设计方法理论体系作为有效指导。设计从业人员对于各种方法的掌握还处于碎片化状态，只是对某方面内容或某种方法略知一二，实际上还不会运用，更加不懂如何选择。另一方面，由于高校的设计教育水平发展程度不一，不可避免地存在着学术教育与社会需求相距甚远的情况，培养出的学生常难以立足于企业发展战略的角度去思考创新设计的问题。

设计战略本质上是将"设计思维"融入企业的发展战略当中，把"设计"作为创新的驱动力与建立市场领导力的手段，将品牌、产品、用户、服务、商业模式进行由内涵到外在的战略性重构，促使企业尤其是传统制造型企业，从加工制造（OEM）向原始战略管理（OSM）的道路转变。在设计战略思维框架下的创新活动中，"设计"不再局限于艺术学科，"创新"也不再隶属于管理学科，它们是交叉学科的产物，是将新学科、新战略思维、新程序、新方法进行系统集合的形式。设计战略思维下的创新设计方法研究正是以设计学特征为主导、融合管理学知识，强调各方法的关联性、融合性与系统性的方法论研究，是设计学与管理学的交叉产物。

本书以设计作为企业战略制定的出发点开展创新设计方法的研究，旨在探索兼具理论与应用价值的体系化创新设计方法论。该研究具有两方面的意义：一是从传统制造企业亟待创新的发展需要出发，从根本上将设计思维融入企业的管理之中，使设计成为企业战略规划的核心。对助力企业提高自身的创新设计能力，推动传统制造型企业转型升级，具有一定的现实意义。二是可为我国设计人才的培养目标和方式提供新的思路，推动设计人才由量的积累转向质的提升。虽然近年来，我国的设计教育快速发展，但不可避免地存在着"重理论、轻应用"的情况，这导致了设计人才的培养与社会需求之间的脱节。新时代下设计教育的目标，应是培养出能够服务于社会发展与贴合行业需要的、具有大局观的创新设计人才。随着"新文科"建设的视野不断拓宽，本书中提出的诸如创新愿景、竞品研究、用户需求分析、设计价值提取、潮流捕捉、商业模式设计等具有学科交叉性与融合性的创新研究内容及对应的创新方法，均是在传统设计学科的边界上拓展出的新的知识领域，为跨学科设计人才的培养提供了参考。

本书首先立足于宏观层级的设计战略思维，继而构建中观层级的创新设计程序，进而提出微观层级的创新设计方法理论，最终在理论研究的基础上进行系统的应用研究，以阐释设计战略思维下创新设计方法的具体实施过程与步骤，来验证该方法理论体系的落地性与可行性。第1章主要研究设计的不同价值与角色，以及设计是如何介入创新、驱动创新并发挥战略作用的。第2章主要研究如何以设计学特征为主导，融合管理学思维，构建出设计战略思维下的创新设计程序。第3章至第6章，以创新设计程序为理论框架，开展程序中各环节创新设计方法的理论研究。第7章至第9章，选取传统制造企业中的家具企业为应用对象，开展设计战略思维下的创新设计方法应用研究，旨在系统化地阐述创新设计方法的具体用法。在应用研究中，编者打破企业原有设计部门的边界，将其与市场营销、品牌策划等部门相融合，组成了新的创新团队来保证各方法的有效执行。

编者自博士学习至工作以来，一直从事与创新设计及设计方法相关的学术研究，本书是编者阅历与学识的积淀，近年来研究成果的深刻总结。值此付梓之际，感谢关惠元教授、许柏鸣教授，以及带领编者进入设计战略领域的引路人——意大利米兰理工大学设计战略专家Francesco Zurlo教授，他们均在研究过程中给予了诸多宝贵的研究建议与学术指导。此外，感谢各位企业管理者与设计师对本书应用研究部分的编写提供的大力支持。本书也得到了江苏高校哲学社会科学研究重大项目（2020SJZDA032）的支持。

本书所研究的内容顺应我国企业发展与设计人才的培养需要，其主要阅读对象为工业设计与产品设计专业学生、企业管理者、设计管理者、产品设计开发人员等。书中观点仍有许多值得提升之处，望广大读者雅正。最后，期望本书可启发读者树立设计战略思维，并掌握这一思维指导下的创新设计方法开展创新设计活动，实现理论与实践的并行。

张楠

2021年6月于南京理工大学

CONTENTS

第1章 设计战略思维与创新设计　001

1.1 设计的战略价值　002
- 1.1.1 设计价值的进阶　002
- 1.1.2 设计角色的转变　003
- 1.1.3 设计战略的本质　006

1.2 创新与设计　008
- 1.2.1 创新的内涵　008
- 1.2.2 设计驱动创新　013
- 1.2.3 创新设计　016

1.3 设计战略思维与创新设计方法　019
- 1.3.1 设计战略思维与创新设计方法的关系　019
- 1.3.2 设计战略思维下创新设计方法的研究背景　020
- 1.3.3 设计战略思维下创新设计方法的研究范畴　023

第2章 设计战略思维下的创新设计程序　025

2.1 国内外创新设计程序的梳理　026
- 2.1.1 创新设计程序的嬗变　026
- 2.1.2 微观创新设计程序　028
- 2.1.3 宏观创新设计程序　031

2.2 设计战略思维下的创新设计程序构建　034
- 2.2.1 管理学层面的创新设计程序　034

2.2.2　设计学层面的创新设计程序　　　　　　　　036

　　　2.2.3　设计战略思维下的创新设计程序　　　　　　037

第 3 章　设计输入的创新方法：设计战略定位　　　　　　　041

　　3.1　设计战略的定位内容　　　　　　　　　　　　　042

　　3.2　创新愿景的研究方法　　　　　　　　　　　　　043

　　3.3　产品格局的研究方法　　　　　　　　　　　　　051

　　3.4　竞争品牌的研究方法　　　　　　　　　　　　　053

　　3.5　竞争产品的研究方法　　　　　　　　　　　　　055

　　3.6　现有技术的研究方法　　　　　　　　　　　　　059

第 4 章　设计分析的创新方法：用户需求分析与
　　　　 设计灵感采集　　　　　　　　　　　　　　　　061

　　4.1　用户需求的分析方法　　　　　　　　　　　　　062

　　　4.1.1　用户需求的分析流程　　　　　　　　　　　062

　　　4.1.2　用户显性需求获取方法　　　　　　　　　　063

　　　4.1.3　用户隐性需求获取方法　　　　　　　　　　064

　　　4.1.4　用户综合需求获取方法　　　　　　　　　　070

　　　4.1.5　需求要素向设计要素转化的方法　　　　　　071

　　4.2　设计灵感的采集方法　　　　　　　　　　　　　073

　　　4.2.1　设计灵感的采集途径　　　　　　　　　　　073

　　　4.2.2　设计价值的提取方法　　　　　　　　　　　073

　　　4.2.3　潮流趋势的捕捉方法　　　　　　　　　　　075

第 5 章　设计输出的创新方法：设计方案的生成与评估　　　079

　　5.1　设计方案的生成方法　　　　　　　　　　　　　080

　　　5.1.1　设计方案的生成过程　　　　　　　　　　　080

　　　5.1.2　角色模型的建立方法　　　　　　　　　　　081

		5.1.3 设计方案的产出方法	083
	5.2	设计方案的评估方法	085
		5.2.1 设计方案的评估内容	085
		5.2.2 模型考察法	086
		5.2.3 双重评估法	087

第 6 章 设计执行的创新方法：商业模式设计   089

	6.1	商业模式与创新设计	090
	6.2	商业模式的设计方法	091
		6.2.1 消费者分群	092
		6.2.2 价值主张	093
		6.2.3 渠道	094
		6.2.4 消费者关系	095
		6.2.5 关键资源	096
		6.2.6 关键合作者	097
		6.2.7 关键活动	098
		6.2.8 成本结构	099
		6.2.9 收益流	100

第 7 章 设计输入的创新方法应用   103

	7.1	创新愿景研究方法的应用	104
	7.2	产品格局研究方法的应用	105
	7.3	竞争品牌研究方法的应用	107
		7.3.1 定位图法的实施	107
		7.3.2 品牌设计定位的确立	109
	7.4	竞争产品研究方法的应用	110
		7.4.1 定标分析法的实施	110

   7.4.2 产品设计定位的确立 111

  7.5 技术研究方法的应用 113

第 8 章 设计分析的创新方法应用 115

  8.1 用户显性需求获取方法的应用 116

   8.1.1 问卷调研法的实施 116

   8.1.2 用户显性需求的导出 119

  8.2 用户隐性需求获取方法的应用 121

   8.2.1 行为研究法的实施 121

   8.2.2 用户隐性需求的导出 128

  8.3 用户综合需求获取方法的应用 129

  8.4 需求要素向设计要素转化方法的应用 131

   8.4.1 思维导图的实施 131

   8.4.2 设计要素的转化 134

  8.5 设计价值提取方法的应用 134

  8.6 潮流趋势捕捉方法的应用 139

第 9 章 设计输出与设计执行的创新方法应用 141

  9.1 角色模型建立方法的应用 142

   9.1.1 角色模型的建立 142

   9.1.2 角色模型的设计灵感提取 145

  9.2 设计概念生成方法的应用 147

   9.2.1 头脑风暴的开展 147

   9.2.2 设计方案的输出 149

  9.3 模型考察方法的应用 151

   9.3.1 模型的构筑与考察 151

   9.3.2 考察结果与优化措施 152

9.4	双重评估方法的应用	154
	9.4.1 企业评估法的应用	154
	9.4.2 用户评估法的应用	155
9.5	商业模式设计方法的应用	157

参考文献   161

第 1 章

设计战略思维与创新设计

1.1 设计的战略价值
1.2 创新与设计
1.3 设计战略思维与创新设计方法

1.1 设计的战略价值

1.1.1 设计价值的进阶

设计的影响可以是有形的,因为它们为企业带来直接的财务回报;但也可能是无形的,它们通过影响难以量化的因素,如企业的文化和战略资产为企业的未来业绩做出贡献。设计对于不同类型的企业来说所发挥的作用是不同的,虽然有些企业也积极导入设计,但由于缺乏高质量的管理,设计仍达不到企业所期望的效果。

丹麦设计中心(Danish Design Centre)对设计在企业中的价值进行研究,并根据企业不同的设计发展成熟度提出了设计阶梯框架(design ladder),将设计在企业中的价值分为无设计、设计作为风格、设计作为过程、设计作为战略四个层级,如图1-1所示。

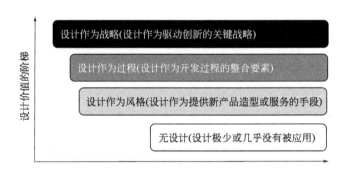

图1-1 设计阶梯(2003)

(1)层级1——无设计

在这一层级,企业几乎没有任何实际使用的设计政策。设计在产品开发过程中被视为最不显眼的环节,常常由非专业的设计人员执行该项活动,设计的结果是基于这些人员对功能和美学的感知,其中用户的需求与意见对设计的影响甚微。设计活动只是在某些特殊情况下才会实施,预算也很有限。由于缺乏设计知识和经验,企业对设计在提升公司竞争力方面所具有的潜力缺乏认识与意识。

（2）层级2——设计作为风格

企业的设计活动局限在造型、产品线拓展或产品改良等项目中，设计主要被当作用于呈现美学的工具，通过对产品外观、风格、包装、营销传播或视觉形象的改善达到对现存产品增值的目的。企业没有意识到通过设计新产品和新服务来创造附加价值的作用。

（3）层级3——设计作为过程

设计活动不再仅仅局限于产品的美学呈现，而是从更广泛的层面来解决创新问题，被视为企业新产品开发阶段初期环节的工作方法。企业有计划地将设计应用于创新与产品开发，并设立专门的部门或员工负责对整个设计过程进行管理，管控整个设计过程的质量，确保设计成为企业获得竞争力的重要因素，设计活动参与者来自多种专业背景。

（4）层级4——设计作为战略

企业把设计作为创新的驱动力以及建立市场领导力的手段，设计师与管理层紧密结合，对产品的前期研究、设计实践与商业化等完整流程与整体环节采取创新的方法。设计创新的成果包括新产品或服务、一种创新的形式和风格，或创新的市场手段如新的零售概念等。这类企业是高度设计驱动的，它们的领导力来自于将设计作为核心而产生的差异化战略。高层管理者和各部门都需要深度参与设计活动，设计成为企业经营活动的一个构成内容。企业重视增强雇员的设计意识，将设计意识融合进企业文化，从而实现对设计价值最大限度的挖掘。

1.1.2　设计角色的转变

在最新的企业经营模式分类中，企业分为OEM、ODM、OBM、OSM四种类型，其中OSM（orignal strategic management）即原始战略管理，这与以往的OSM（orignal standardization manufacture），即原始标准

制造的含义不同。

OEM（orignal equipment manufacture）即原始设备制造，可称为加工贸易。ODM（orignal design manufacture）即原始设计制造，企业开始出现原创设计。OBM（orignal brand manufacture）即原创品牌制造，指企业原创品牌、设计、生产与销售。OSM（orignal strategic management）即原始战略管理，设计思维贯穿整个企业的战略考虑之中，这里的"M"不再仅代表制造（manufacture），而是代表管理（management）（图 1-2）。

设计在这四类经营模式中扮演不同的角色。设计战略领域专家 J. Heskett 教授于 2006 年研究了这四种经营类型的企业在设计活动上的显著差异，这种差异带来了设计程序与方法的不同需要，也带来了设计师不同角色的转换。

（1）设计在 OEM 模式中的价值

在 OEM 模式中，技术是企业的核心竞争力，属于资本密集型模式。技术主要在提高生产水平的层面上提出，以代加工为主。在这类企业中，设计的价值处于"无"的层面，以富士康一类的电子行业的代工企业为代表。

（2）设计在 ODM 模式中的价值

在 ODM 模式中，设计是企业的核心竞争力，企业通过设计实现产品的差异化风格，设计的价值处于"区别风格"的层面。设计作为差异化的手段推进了产品创新的发展，促进了企业从资本密集型模式向知识密集型发展，这类企业以各种服装、日用品、家具、家居类企业为代表。

（3）设计在 OBM 模式中的价值

在 OBM 模式中，品牌是企业的核心竞争力，设计扮演着企业经营系统中沟通者的角色。在企业内部，设计通过统一的视觉语言联系各个部门协调发展；在外部，设计负责将企业的战略、主张、愿景，通过视觉语言与利益相关者连接。这类企业致力于知识密集型的发展方向，以品牌系统确立市场地位。在这类企业中，设计的价值处于设计活动"过程执行"的层面,由设计来传达品牌调性,以高奢或轻奢珠宝、箱包类企业为代表。

(4)设计在 OSM 模式中的价值

在 OSM 模式中,战略是企业的核心竞争力,企业以创新为主要活动,从宏观愿景出发,并通过各种类型的创新达成长期的战略发展方向。在这类企业中,设计的价值处于"战略"的层面,承担了企业创新系统规划的角色。设计师以设计思维为手段,规划企业的全套系统战略并寻找可持续创新的途径,这类企业以苹果(Apple)与无印良品(MUJI)等本身具有设计管理系统的企业为代表。

(5)设计师角色的转换

设计师在一家企业中所扮演的角色不同,为企业带来的影响就不同。法国设计管理研究专家 B. B. Mozota 将设计师在企业中的角色分为以下几个层次,如图1-2所示,与 OEM、ODM、OBM、OSM 四种不同的企业经营模式相对应。

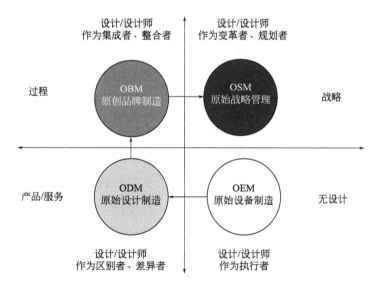

图 1-2 设计在不同类型企业中的角色

除在无设计企业中设计师作为执行者以外,设计师作为区别者、差异者，他们为企业设计出差异化的产品或服务，影响市场和企业的主要活动；设计师作为集成者、整合者，将设计知识包括设计流程及支撑各流程向后延伸的方法整合为一个系统，影响公司价值链的支持活动；当设计师作为变革者、规划者，设计则成为可能改变企业愿景、企业文化的核心竞争力。

1.1.3 设计战略的本质

（1）企业战略

"战略"（strategy）一词来源悠久，西方普遍认为它源起于古希腊的"strategos"一词，原意指军事将领指挥军队作战的谋略，后来被用于企业管理领域。春秋战国时期的《孙子兵法》被认为是我国最早对战略进行全局谋划的著作。虽然现在"战略"一词已引申至经济、政治领域，但是其涵义始终包含"统领性、全局性、整体性"的思想。

企业战略是指企业依据本身资源和实力选择适合的经营领域和产品，形成自身的核心竞争力，是企业整体性、长期性、全局性的规划。在很多情况下，企业的战略往往因产业乃至国情的差异而不同。德国具有国际竞争力的产业如化学制品及印刷油墨类，企业中的高级管理者必须具备技术与工厂经验，他们倾向于利用技术来发展系统化的产品，更注重将"技术"作为企业的发展战略。日本具有国际竞争力的产业如照相设备、印刷设备与汽车制造类，这些企业在管理和控制生产线，以及帮助用户解决问题上更为擅长，侧重将"标准化""市场需求"作为企业的发展战略。意大利拥有诸如家具、照明、制鞋、毛纺、机械等具有国际竞争力的特色产业，这些产业多属于传统制造行业，企业大多由经济规模较小、以合作代替结盟的企业组成，擅长设计极具特色与文化艺术价值的产品。这些产业更关注将"设计"作为企业和产业发展的战略，来指导市场、制造、商业等一系列环节的走向。

在新时代的企业管理中,企业领导者应根据产业和企业不同的特性与发展特征,根据全球经济与文化、社会与科技的趋势,选择某一种战略思维作为企业的发展导向与总体目标,并将这种战略思维嵌于企业发展管理的全过程,从而实现"战略引领未来"。

(2)设计战略

2015年原国际工业设计学会联合会(ICSID)、现国际设计组织(WDO)对(工业)设计做出了全新的定义,即(工业)设计是驱动创新的战略问题解决过程,通过产品、系统、服务和体验的创新来实现商业成功和提供更高品质的生活。可见,设计尤其是工业设计属于跨学科的专业类型,它将创新、技术、商业、研究及消费者紧密联系在一起,作为一种"战略"为企业提供新的价值以及竞争优势。"十四五"期间,工业和信息化部表示将继续推动工业设计深度赋能产业发展,积极推动工业设计服务链条延伸,将设计融入制造业战略规划、产品研发、生产制造和商业运营全周期,积极推动工业设计与制造业全领域的深度结合,积极推动工业设计走进中小企业。

由此可见,设计战略是企业发展战略的重要组成部分之一,是企业有效利用"设计"这一资源,提高新产品开发能力、增强市场竞争力、提升企业设计管理能力与品牌形象的总体性规划。企业将设计作为建立市场领导力的手段,促使自身的经营模式从OEM、ODM、OBM向OSM转变。这也是我国传统制造产业转型升级的发展方向,即从低端的劳动密集型和高能源消耗的制造业,转向自主战略管理的发展道路,这一转变的主要衡量指标取决于企业对设计的投入程度。

设计战略可视为一种精神,这种"设计"的精神贯穿所有组织过程,即从产品到商品的整个价值链。这里的"设计"并不仅仅通过创造更好的产品或服务,来帮助企业提高竞争绩效。"设计"的多维行为,使它能够积极影响企业的各个层面,并通过这些结果影响企业的整体竞争绩效,主要体现在:

① 设计通过给企业提供的产品调性来影响消费者感知的价值，并传递企业文化。

② 设计改变了企业的管理过程，并通过调动、激励来促进信息的流通，将企业中涉及某一项目任务的各种参与者聚合在一起，从而影响组织中对于流程与人才资源的管理。

③ 设计有助于企业新愿景与产品/服务定位的确立，并指导企业的核心发展战略导向。

当企业发展到一定规模，增强系统竞争力便成为企业的主要目标。此时，企业间的较量往往是全方位的。随着产业经济时代向体验经济时代的转变，企业的主要职能不再是产品制造，而是形成从研发、设计、制造、销售、市场到品牌维护的完整产业链条。设计战略应着力于提升品牌形象、产品系统、商业模式的塑造能力，将"设计思维"渗透到组织管理的创新方面，以解决企业愿景、品牌定位、设计定位、产品服务体系、商业模式等系统性问题。

1.2 创新与设计

1.2.1 创新的内涵

"创新"作为经济学词汇于1912年被美国哈佛大学著名的政治经济学家 J. A. Schumpeter 提出，指一种把新的生产要素和生产条件的"新结合"引入生产体系的形式，包括五种情况：引入新产品、引入新的生产方法、开辟新的市场、新的供应来源以及新的组织形式。他主张企业应该通过创新来更新其资产禀赋的价值，各组织需要通过创新，以应对不断变化的客户需求和生活方式，并利用技术提供的机会，改变市场、结构和动态。

不同形式的创新在不同的团队、部门和专业学科中有着不同程度的吸引力，正如经济学中的新古典主义理论认为，创新作为一种可以提高收入的商业战略资产而存在。新增长理论认为创新可以创造商品和服务的新方式或全新的产业，以驱动经济的增长。战略管理学则研究企业如何通过创新形成差异化以获得竞争优势。由此可见，创新的定义被赋予了各学科的特有属性，与各学科的主流范式保持一致。

英国学者 A. Baregheh 等（2009）对 1966 年至 2007 年间经济学与管理学两个学科领域中有关"创新"的权威文献进行综述，并归纳出完整的、可达成学科领域与行业共识的"创新"定义框架（图 1-3），受到学术界的广泛认可。在定义框架中，创新可以从阶段（stage）—社会语境（social context）—手段（means）—本质（nature）—类型（type）—目的（aim）这六个属性来理解。同样地，这六个属性也是不同学科与不同产业进行创新的着力点，为学术领域和产业领域提供了分类创新的范式。

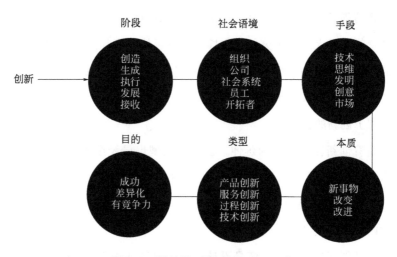

图 1-3 "创新"定义框架（2009）

（1）创新的阶段、社会语境、手段与目的

创新阶段是指在创新过程中采取的所有步骤与环节，即创新的程序，通常从创意产生开始，到商业化结束。社会语境是指参与创新过程或影响创新过程的任何社会实体、制度或群体，如组织、公司、员工等，即参与创新的团队人员组成。创新手段是指创新所需的必要资源与方法，如技术、思维、发明、创意、市场。创新的目的是组织希望通过创新框架中前五个属性的共同努力而实现的总体结果，来实现企业间的差异化与可持续竞争力以获得成功。

（2）创新的本质

创新的本质是指某种新事物的产生，或改变的、改进的创新形式，可以是从0到1、从无到有的关系，也可以依据创新的过程是量变或是质变，分为渐进性改进型创新与激进性改革型创新的不同形式。

渐进性创新与激进性创新的区别在于，企业把创新视为在原有工作基础上的不断改进，还是将创新视为独一无二的、新事物的产生。渐进性创新是指不断的、连续的微小变化与改良，比如针对现有产品的部件结构、材料、功能做细微的改变来提高产品的性能或降低成本，这种创新能够使新产品在较短的时间内被大众认可。激进性创新则是一种疾风骤雨式的创新，对现有产品、系统或市场具有较大的冲击力，需要全新的概念或者重大的技术突破来支撑，它可以使得产品的性能指标发生巨大的变革，赋有颠覆性的意义。它将市场带入新的领域，但需要花相当长的时间才能被大众所接受。

（3）创新的类型

随着创新在各领域的延伸，创新的类型也已经远不止于产品创新、技术创新、服务创新、过程创新这四种类型，逐步拓展至商业模式创新等方面。本节主要阐述经济学与管理学里"创新"定义框架（图1-3）中的四种创新类型。

产品创新是通过提高产品设计与性能的独特性，以提供一种能够满足顾客需要或解决顾客问题的新产品，它是最终交付到用户手上或抵达用户身边的价值承载体。产品创新中的"产品"随着时代的变化，逐步从诸如家电、家具、服装等有形产品，拓展到服务行业开发的诸如APP

（应用程序）或服务系统等无形产品。

服务创新是企业为了提高服务质量和创造新的市场价值而发生的服务要素变化，对服务系统进行有目的改变的动态过程。服务创新的目的有减少成本、实现差异化、提高对用户问题的反应能力以及开拓新的市场。它可以是服务产品创新，指服务内容或服务产品的变革；也可以是服务模式创新，比如现有的外卖服务、上门服务等模式；还可以是服务流程创新，指服务产品生产和交付流程的更新。例如 2014 年知名线上购物网站 eBay 与美国纽约的时尚服装品牌 Rebecca Minkoff 合作打造了数字化零售体验服务，它通过大数据算法将智能系统嵌入试衣与购物体验。顾客可通过店内的智能交互镜面让店员送来想要试穿的商品或更换型号，避免了反复穿脱的麻烦。同时该系统也可调整试衣间内的灯光与虚拟使用场景，并提供搭配建议，当试穿满意后顾客可直接在镜面的交互系统上进行线上付款，增强了顾客的试穿与购物体验。

过程创新是指生产和传输某种新产品或服务的新方式。对制造型企业来说，包括采用新工艺、新方式，整合新的制造方法和新技术，以获得成本、质量、开发时间、配送速度方面的优势，或提高大规模定制产品和服务的能力。比如家具制造企业中的全屋定制系统，通过大规模定制的产品模块、智能化生产管理系统，在短时间内快速且高效率地实现产品的组合与装配，满足不同户型与顾客的需求。

技术创新是指生产技术的创新，包括开发新技术或者将已有的技术进行应用创新。一方面，技术的创新未必会带来产品的创新，可能仅仅带来成本的降低或效率的提高。另一方面，新技术可以促成和实现全新产品的诞生，比如日本知名游戏软硬件开发公司任天堂是现代电子游戏产业的开创者，其于 2006 年开发了"Wii"家用游戏机，第一次将体感技术引入了电视游戏主机，被视为"电子游戏行业的重大革命"，将体感操作列入标准配备附于兼具控制、指向定位与动作感应的"Wii Remote"控制器上，让平台上的所有游戏都能使用指向定位及动作感应,是技术创新推动产品创新的典型案例。

(4)创新的途径

创新的途径有很多种,从企业的整体角度来说,一般可以通过封闭式创新与开放式创新的途径来开展创新活动。

封闭式创新是指单一企业完全依赖自身研发与技术能力完成产品创新、技术创新、服务创新、过程创新的任务。这种创新途径的优势在于,可以专注于本企业创新团队的培养,长期回报率高。但劣势大于优势,封闭式创新必然会加大企业对人才培养、技术研发的资金与时间投入,风险与收益并存。特别对于一些传统制造企业,其创新内容大多集中于技术创新或流程创新方面,而在产品、服务、商业化等方面很少开展高质量的创新活动,可能由于管理者的保守思想或担心企业情况的外泄,他们往往坚持封闭式创新,同时也切断了新知识的进入与新力量的支撑。这种创新途径很难帮助企业突破自身边界、发现蓝海市场、产出差异化的产品或服务,企业也很难维持长久的竞争力。

开放式创新由哈佛大学的 Chesbrough 教授于 2003 年在其著作 *Open Innovation:The New Imperative for Creating and Profiting from Technology* 中正式提出。开放式创新主张打破企业或产业内部的创新壁垒,从设计研发到商业化运作的流程适当引入外部的创新力量,联合自身资源共同推进企业或产业的创新。它包括两种形式,一种是合作/协同创新,另一种为外包式/众包式创新。

合作/协同创新有助于新知识与资源的进入、缩短开发周期、分摊风险与支出、从他人处获得知识的优势。比如意大利厨具企业 Alessi(阿莱西),通过吸纳高端智力资源,广泛寻求与世界上各个领域最优秀的设计师开展产品设计的多元化创新合作。外包式创新是将非核心业务下放给营运该业务的专业性外部组织,优势在于节省成本、针对性与专业性更高。随着创新迭代的速度加快、市场竞争的加剧、技术的复杂与专业性使得业务单一的企业很难拥有全部的创新资源,此时企业就需要外部的创新力量入驻，包括资金、人才、知识、技术团队及其他组织，甚至延伸至通过用户参与的众包式创新来提升企业创新的效率。众包是企业把原本需要自我执行的工作，以自由自愿的形式外包给大众志愿者的做法。这种做法的随机性很强，可以通过调动世界各地对该工作领域感兴趣的大众参与到创新之中。如Designboom（设计邦）是全球受欢迎度较高的互联网视觉设计类网站之一，该网站汇集了不同专业的用户和年轻创意者，他们通过网站发布有关艺术设计的最新资讯、话题并分享自己的作品，既作为使用者又作为大众志愿者，参与到设计资讯传播与设计知识交流平台的建设中。

在开放式创新中，企业的边界是可渗透的，它的优势在于知识互动性强、商业化速度快、技术能力能快速提升、短期效果显著。但过度的开放可能会引起商业秘密的外泄，企业要在封闭式创新与开放式创新两者之间寻找平衡的关系，可视自身情况在某些创新环节引入外来力量，无需全程引入。

1.2.2 设计驱动创新

通过"创新"定义框架可以发现，2007年之前无论是学术领域还是产业领域对创新的理解在有限的学科范围内是较为全面的，但对于除经济学和管理学以外的其他学科或交叉学科来说却是欠缺的。在近些年与"创新"联系最多的设计学（或设计管理学）领域看来，经济学与管理学的"创新"定义框架就不那么完善了，在这之中我们很难找到证明"设计"与"创新"之间紧密关系的显性证据。"设计"这一近年来被众多产业视为重要创新手段的成员，在"创新"定义框架中缺席了，仅以创新中某一属性某一子集的形式隐性存在，常被归在产品创新或服务创新的子集之中。

对于创新与设计之间关系的研究，最早出现在项目管理领域。最初关于创新与设计的研究主要集中在创新实施时机的研究上。美国哈佛商学院的 Hayes 和 Wheelwright 于 1979 在 Harvard Business Review（《哈佛经济评论》）杂志上发表的"The dynamics of process-product life cycles"文章中谈到了产品开发生命周期中的创新动态。他们认为在产品开发的生命周期中，新产品设计阶段企业的创新速率最高，随着产品生命周期的后延，产品创新的速率急速下降（图1-4）。一旦一个新的产品开发项目由设计转向生产执行阶段，创新变得愈加困难，因为它们必须与公司其他部门进行重新协调，如制造、成本计算和销售团队等。一旦产品实际生产并进入商业领域，创新的过程从产品远景和制造层面来看都会变得相当复杂。在此之后，众多学者提出并验证了设计对创新具有较强正向影响的观点。然而，在这一时期，设计仍被视为是呈现产品显性特征的手段，设计参与了产品的创新活动，而未成为创新活动的主角。

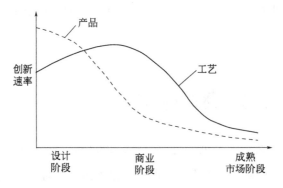

图 1-4　创新时机模型（1979）

诚然，"创新"是一个动态的概念，它随着各学科对创新研究的逐渐完善和创新实践的发展而不断丰富拓展，创新的性质与前景也已发生了变化。"设计"既是一个用于描述具体领域的词汇，如工业设计、交互设计等，同时又是一个围绕着问题解决的广泛概念。近年来，"创新"与设计学的联系日渐紧密，"设计"与"创新"两个词语常被合并或者互换使用，称为"设计创新"或"创新设计"。

第一次将"创新"与"设计"以正式的学术形式联系起来，并形成相关理论的是意大利著名创新管理学教授 R. Verganti。他在管理学与设计学科交叉的领域中捕捉到了"创新"的变化，于 2003 年提出"设计驱动创新"的概念。设计驱动创新是企业进行创新活动时的手段之一，在此之前企业间所讨论的"创新"主要是指技术推动型创新与市场拉动型创新两种。在市场拉动型创新模式中，市场和消费者的需求起着核心作用；在技术推动型创新中，强调新技术的开发推动了创新的进程（图 1-5）。

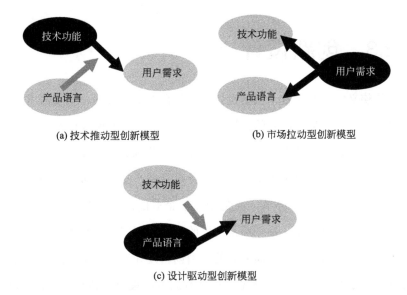

图 1-5　三种创新模式（2003）

设计驱动型创新赋予产品独特的内在意义和价值，是将技术、市场、产品设计语言三者整合的创新形式。设计团队通过捕获、重组和整合不同学科、社会文化、生活方式、市场环境等领域的知识，以技术为支撑进行创新性的设计活动，最终提出美学解决方案的新语境来满足或引领用户的需求（Verganti，2008）。设计师向用户传递信息的符号、象征、调性被称为产品语言。设计驱动型创新是由设计主导的活动，通过设计来满足用户的现有需求和超前需求，从而为用户绘制未来的产品蓝图，引导用户的需求与购买行为。设计在创新中的作用不仅仅是"增加价值"这一常见功能，更重要的是创造出新的价值。

从设计学与管理学的交叉学科角度来反观前文提到的"创新"定义框架（图1-3），不难发现，创新手段的属性中有三种必要手段"思维、发明、创意"是基于"知识"的且与"设计"高度相关。设计驱动型创新为传统企业提供了一种以设计为主导的创新路径，这里的"设计"不仅仅是一种产品创新的实现行为，更作为一种知识性策略促使企业提升创新能力，并帮助他们在复杂的市场中提高竞争力。

1.2.3 创新设计

从狭义的层面来看，创新设计可以是在技术的发展、市场需求的增长推动下，针对某种产品的再设计或新设计。而随着设计面对和解决的问题日渐复杂，以及设计驱动型创新在各个领域的不断发展，广义层面中创新设计的对象已不再是单纯地仅针对某种产品。它所聚焦的不仅是某一项服务或某一个环节，而是涵盖了企业的产品、服务、技术、用户、商业模式等方面，是一项系统性的整合规划工程。路甬祥院士在其发表的《设计的进化与面向未来的中国创新设计》一文中给出了"创新设计"的定义，即创新设计是一种具有创意的集成创新与创造性活动。它在提升个人、企业乃至国家核心竞争力、推动"制造"向"创造"的转型升级方面发挥着关键作用，由此可见创新设计在各个领域的重要作用。

创新设计是一项系统工程，需要多方机制协同、合力才能达成集成创新这一目标。开展创新设计需具备四个必备要素，由它们构成系统的集成创新体。这四个必备要素为：创新设计范式、创新设计团队、创新设计程序、创新设计方法（图1-6）。具体可总结为"基于什么进行创新设计（What）""如何进行创新设计（How）"与"由什么样的人进行创新设计（Who）"。"基于什么进行创新设计（What）"指创新设计的范式；"如何进行创新设计（How）"指创新设计的程序与方法；"由什么样的人进行创新设计（Who）"则指负责执行创新设计的团队。

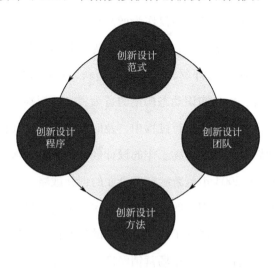

图1-6 创新设计的四个必备要素

（1）创新设计范式

创新设计范式是企业开展创新设计的前提，是引发企业开展创新设计的动因，同样也决定了企业创新设计的发展目标及走向。创新设计范式可大致分为三类：一是"追踪"，二是"跨越"，三是"引领"。"追踪"范式是指在缺乏原始创新的前提下，通过模仿他人的创新设计思路来实现和完成自身的创新设计任务，这种范式存在着极大的偶然性与不稳定性，所产出的结果可能存在同质化的现象，缺少自我特色。"跨越"范式即从他人领先的创新设计思路中获得启发，取其精华、去其糟粕，开始萌生并摸索自我的原始创新设计之路，这种范式所产出的结果逐步走出同质化的圈层。"引领"范式建立在掌握充分知识的基础之上，在不依赖他人、模仿他人的前提下，形成具有自我特点的原始创新设计思路，这种创新范式具有可持续性与较强的稳定性，将有可能成为被他人"追踪"的对象并"引领"行业与其他企业的发展。

（2）创新设计团队

对于企业的创新设计能力来说，创新设计团队的作用至关重要，设计师乃至设计团队创新的力量驱动着改变的引擎。创新设计团队在其角色上表现出极大的灵活性，不仅作为产品与服务的差异化区分者，更应向更高的过程创新层次迈进。他们不仅作为企业创新设计的参与者与执行者，更是不同学科与行业领域知识的捕获、重组和整合者；不仅仅是问题的解决者，更是知识动态构建的行为者。他们参与设计研究、设计分析、设计合成与决策执行过程中，及时吸收与消化其他团队的反馈与意见，从而转化为指导后续工作的设计经验。如丹麦著名的玩具公司LEGO（乐高）于2004年重新制定了企业的创新战略，把创新的根本重新拉回到核心产品——积木的设计上。为保证创新效果，打破了各部门之间相互隔绝的状况，建立了跨部门协同的创新体系。每个项目的产品都有三个经理：设计经理、市场营销经理与生产经理，产品都是在三个部门达成共识的情况下设计而成的。企业想要提高整体的创新设计效率和能力，就应当建立兼具技术、市场、设计这三方面知识的多学科研发团队，形成研究共同体，全程贯穿于整个创新设计程序，相互促进、知识共享，以增强创新设计的执行力。

（3）创新设计程序

创新设计的成功有赖于创新设计团队创造才能的充分激发，而创新设计的程序与方法是创新设计团队创造才能充分激发的有力保证。创新设计的程序即创新设计的流程，程序高于方法，方法服务于程序。方法更多的是关乎于思维，关于如何灵活掌握与实际运用，为了达到不同的目的与满足不同的需求，审时度势地应用与转换，它是一种不定性的创新。但程序关乎行为，是按部就班的程序，它搭建好创新设计过程的框架，以保障方法更加合理地实施。如果没有掌握正确且系统的创新设计程序，会直接影响到创新设计方法的合理使用，因此只有先把创新设计的程序理清，各流程环节中所依托的创新设计方法才能合理使用。

（4）创新设计方法

创新设计方法是支撑产品创新设计程序稳步前行的必要工具。2010

年欧盟委员会主席巴罗索提出了对认识新方法和新工具的新兴需求，强调清楚地理解企业如何创新，直接关系到企业管理层对未来需求和价值的思考顺序，必须找到并投资于新的智力、可持续和包容性增长的动力来源，为现有产业带来新的的意义，从而延长产业的生命周期或创造新的产业。我国大多数传统企业原有的设计方法是碎片化、不全面、不合理的。而创新设计是对不同学科、社会文化、技术等领域知识的整合过程，应采用整合的、无边界的、跨学科的方法。根据需要从设计学、管理学、经济学、社会学、心理学等更广泛领域的研究方法中获取、借鉴，并根据实际目标进行选择、修正与再创新，最终用于创新设计程序中的各个环节。

1.3　设计战略思维与创新设计方法

1.3.1　设计战略思维与创新设计方法的关系

设计战略思维本质上就是将设计思维融入到企业的发展战略当中，将设计作为驱动企业创新的关键战略与建立市场领导力的手段，助力企业获得可持续的竞争力，更多地指向竞争"软实力"。这种在"设计作为企业发展战略"思维指导下开展的创新设计，是将"设计知识"作为企业价值创造的必要资本，对品牌、产品、用户、服务、商业模式进行由内涵到外在的战略性重构与系统化创新，凸显出设计之于企业的战略性意义。从企业层面来看，如果说创新设计可以推动传统企业提升自主创新的能力、推动企业由OEM向ODM及OBM转型，那么设计战略思维导向下的创新设计，更有助于推动企业向 OSM 转型。而推动企业向 OSM 转型的主要动力便是设计知识的积累、转化与运用。

"设计"是一种知识性策略。因此，设计战略思维属于基于知识、可持续的"引领"型创新设计范式。对于一个企业而言，其掌握设计知识的水平直接对应企业设计意识、设计能力、设计质量与设计管控的水平。而设计知识包括从书本上学习到的显性知识，还包括通过个人与团队实战经验中积累起来的隐性知识。设计驱动的创新背后是设计价值的完整体现，应将"设计知识"作为价值创造的必要资本，来推动"追踪"式的一次性创新与偶然性创新迈向"跨越"式，并最终走向"引领"式创新设计范式。在创新设计中获取和创造的新知识将转化为经验，形成企业自身特有的"软实力"。

设计战略思维是企业开展创新设计中的范式要素，可视为"大脑"；创新设计程序是"骨骼"；创新设计方法是"血与肉"；创新设计团队则贯穿始终将如上要素灵活组织起来。在设计创新范式之下，企业通过创新设计程序、创新设计方法、创新设计团队这三个重要支撑载体的共同演进来实现创新设计。本书研究在设计战略思维下，其他三个必备要素是如何运作的，尤其是创新设计方法的运作。

1.3.2　设计战略思维下创新设计方法的研究背景

（1）创新设计政策的推动

2013 年德国政府正式宣布工业 4.0 以后，在国际上引起了极大的轰动，各国都推出了相应的计划。制造业仿佛迎来了发展的"第二春"。创新的源头在设计，创新设计逐步被提升到国家战略层面，推动了我国设计产业发展以及与设计息息相关的制造业的转型。2021 年 3 月国家发布的"十四五"规划中也提出，要以服务制造业高质量发展为导向，推动生产性服务业向专业化和价值链高端延伸，聚焦提高产业创新力，加快发展研发设计、工业设计、商务咨询、检验检测认证等服务。

（2）设计对企业创新的战略性作用逐步显现

2018年，由经济合作与发展组织（OECD）发布并获得国际认可的创新调查指南——《奥斯陆手册（第四版）》对企业中创新的发生特征指标进行了更新，特别强调应将无形资产（也称为知识资本）与不同类型的创新知识联系起来形成明确的创新衡量指标，提出从设计的创新、经验的创新、产品开发方法的创新、产品开发流程的创新等多重创新属性指标，来衡量企业创新能力的要求。由此可见，以知识创新为特征的设计作为无形资产对企业创新能力的影响愈发重要。我国经济正处于由要素驱动向创新驱动转变的重要节点，设计作为科技成果转化为现实生产力和商业竞争力过程中的关键环节，其功能与价值日益突显。新时代的背景下，设计属于典型的无形创新要素投入类别，它以抽象的智力创意输出为主要内容，且位于产业链研发环节，决定了新产品风格、样式、功能、使用方式等属性特征。不仅体现了企业品牌形象，而且反映了企业独特的价值主张和发展战略等非物质属性，属于很难被竞争对手模仿的创新"软实力"。设计对传统制造企业尤其是家具、家居、服装制造等知识密集度高、技术密集度较低的企业的创新绩效与竞争力水平有显著的驱动作用。

（3）企业现有创新设计机制的不健全

其一，大多传统制造企业仍停留在设计作为风格的层面，很少从战略的角度来思考设计问题。现阶段他们在创新设计的程序中只将设计视为产品层面的表现手法，未能意识到设计在产品研发、评估、商业化等环节的全程把控能力。

其二，大多数传统企业中设计团队的知识体系单一、交叉学科背景的人才缺乏、创新意识不强、团队间合作与互动不足，通常仅依靠团队中的少数人开展创新设计研究。

其三，传统制造企业的新产品开发流程呈线性结构，各阶段的界限分明、相互间的关联性较差。从宏观的整体流程来看，传统制造企业更注重对技术、生产和商业化的研究。

其四，由于没有掌握科学的创新设计方法，企业在产品/服务的设计上同质化严重，未能与竞争对手拉开差距，也未能找到适合自己的蓝海市场。究其原因，一是缺乏对自我创新能力的认识，从而不能有针对性地采取创新措施；二是未能找到市场竞争中的创新机会，因此长期在同质化的红海市场挣扎；三是企业大多忽视终端用户的需求研究，设计师通过经销商的反馈与苍白的市场数据去了解市场的需要，几乎完全与真实用户的需求、爱好、审美标准、生活方式相脱节。如何缩小设计师与用户、设计与需求的差距，这就需要从以市场经济利益驱使的"制造思维"向以用户为中心的"用户思维"转变。

其五，企业往往缺乏对设计活动本身的研究。一是缺乏创新设计灵感的收集，设计师没有跳脱出圈子来吸纳相关行业的灵感，导致创新思维枯竭；二是设计师没有掌握正确的设计方案生成方法，缺少设计思维的训练；三是设计方案的评价往往偏重市场营销与技术实现层面，存在可能偏离设计战略定位与用户需求的问题。

其六，企业在商业化阶段大多紧盯销售渠道与营销手段的规划，鲜少从商业模式的价值主张、盈利模式、消费者关系等多个环节，提升自身与利益相关者之间的经济与价值收益，没有意识到商业模式中创新设计的必要性。

基于以上背景，将设计作为驱动创新的关键战略与建立市场领导力的手段，将设计思维融入到企业的发展战略之中势在必行。研究设计战略思维指导下的创新设计方法，有助于从根本上提高企业的创新管理能力和设计从业人员的创新设计能力，促使我国传统制造产业向原始战略管理的道路发展。

1.3.3 设计战略思维下创新设计方法的研究范畴

产业或企业的创新离不开人、技术与商业的支撑。美国斯坦福大学提出,创新设计由人本价值,即需求性和可用性,商业的存续性与技术的可行性三者耦合而成。由此可以窥见设计的战略性作用,即设计不再止于某种风格或一种过程,而是人、技术与商业这三者凝聚的综合产物。

在微笑曲线(图1-7)中我们依然可以看到人、技术、商业这三者。提到制造业不得不提到微笑曲线,它很好地诠释了工业化生产模式下,企业在价值链不同环节的任务以及所能产生的价值。微笑曲线的左边是研发,中间是制造,右边是营销,分别对应产业链的上、中、下游三个环节。由于当前制造业产生的利润低,使全球制造业处于供过于求的态势,但是研发与营销的附加价值较高,因此产业都向着微笑曲线的两端发展(图1-7中阴影区域)。进入工业4.0时代后,曲线两端的附加价值得到了更大的提升,从而也进一步削弱了加工制造环节的价值。传统制造企业想要突出重围,只有努力向价值链的两端延伸,才能不断增加自

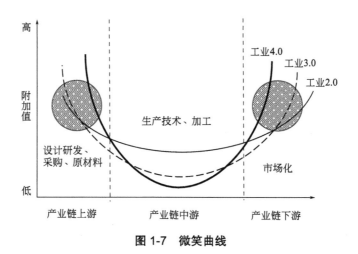

图1-7 微笑曲线

身的价值。因此，设计战略思维指导下的创新设计方法研究也应针对微笑曲线的两端，即着力于在产业链上游的研发与产业链下游的市场化阶段展开创新设计方法的相关研究。

第 2 章

设计战略思维下的创新设计程序

2.1 国内外创新设计程序的梳理
2.2 设计战略思维下的创新设计程序构建

要进行设计战略思维下的创新设计方法研究，便要先搭建起保证创新设计方法合理实施的框架，即需要先构建出创新设计的程序，才能依据程序中的各阶段依次进行创新设计方法的研究。在搭建创新设计程序之前，应先对设计行业中已被广泛传播的创新设计程序进行梳理，这些程序经过多年的实践来证明其可行性，在实践和使用的过程中不断迭代与优化，使得设计流程更加系统化与合理化，为设计战略思维下创新设计程序的构建提供可靠的理论依据。

2.1 国内外创新设计程序的梳理

2.1.1 创新设计程序的嬗变

设计心理学专家 D. A. Norman 将设计程序分为第一代线型设计程序与第二代螺旋型设计程序。设计程序的发展是从线型到螺旋型设计程序的发展过程，也是从单向的线型向多维度螺旋型的进化和嬗变。

最初的设计程序是线型设计程序，并没有提及具体的设计方法，以美国加利福尼亚大学伯克利分校著名建筑学教授、设计方法论的先驱 C. Alexander 于 1962 年提出的发散、重组、收敛的程序为代表，从头到尾单向进行。他在最初的线型设计程序中加入了分析与综合的阶段，他认为设计是将一个问题进行分解再合成的过程。他将大问题逐个分解为子片段，根据子片段的依赖关系重新排序，继而解决每个子片段的问题，并最终将所有片段编织在一起进行重组，这个发散分解重组的过程随后收敛。在这种情况下，解决方案应运而生，这便是后期设计活动中常用的双钻模型的雏形，可称为单钻模型，如图 2-1 所示。但这一设计程序只聚焦于如何分析与综合地解决设计问题的过程，设计过程趋向单一方向，只进行一次分析与合成的过程，不进行迭代设计而直接输出设计结果。前后各阶段和流程只有单向导出，没有交互动作，各阶段的连锁性不强。但它分解了设计问题如何转化的过程，成为后期众多螺旋型设计程序的母体。

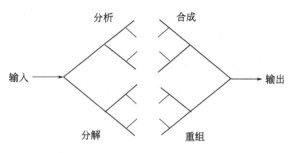

图 2-1 "分析—综合"模型 (1962)

1972 年美国加利福尼亚州州立理工大学环境设计学院的 D. Koberg 博士与 J. Bagnall 在关于解决问题与创新力发展的 *The Universal Traveller: a companion for those on problem-solving journeys and a soft-systems guide book to the process of design* 一书中提出，设计输入到设计输出不仅仅需要分析与综合的过程，在分析与综合之中又扩展了对问题的定义、想法的迸发以及设计的选择与实现（ideate, select, implement）阶段，如图 2-2 所示。

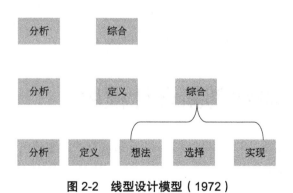

图 2-2 线型设计模型（1972）

随着设计实践的积累和不断优化，发展出了与线型程序模型不同的螺旋型程序。美国伊利诺伊理工大学设计学院的 V. Kumar 教授于 2003 年提出创新设计规划模型，如图 2-3 所示。它属于螺旋型程序模型，强调设计过程的迭代性和相互关联性。螺旋型设计程序就是循环往复的设计过程，它可以帮助设计者更好地弄清问题和需求。创新设计规划模型实行"情境研究—用户研究—设计洞察—制订设计计划—设计模型建立—最终方案实施"的迭代循环设计程序。各阶段的各程序都相互融合，分析中有解决，解决中也有分析。近些年，国内外设计行业传播与使用较为广泛的设计程序，基本都是以螺旋型设计程序为基础的。

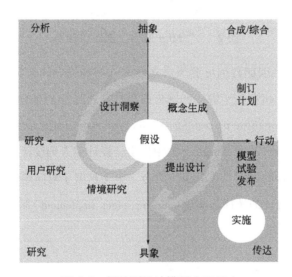

图 2-3　螺旋型设计模型（2003）

2.1.2　微观创新设计程序

微观创新设计程序是指以某一个环节或某一问题为出发点开展的创新设计活动流程。

（1）3I 设计模型与 5D 设计思维模型

美国 IDEO 是全世界最大的设计咨询公司之一，它由斯坦福大学机械工程系教授 D. Kelley 于 1991 年建立，服务遍及日用品、工业产品、医疗器械等多个领域，不局限于产品设计，还涉及服务体系、环境和电子交互方面。IDEO 主张真正的创新源自于对人及其需求的理解，提出"以人为中心"的设计理念，所有的设计活动都围绕用户研究展开，去了解人们是怎样与周围世界互动的，继而从技术与商业的角度去平衡它。IDEO 注重市场调研，作为帮助公司与用户沟通的中间人，教会企业如何创新。它最重要的贡献是提出了设计思维的概念和头脑风暴的方法，为创新团队提供了获取创新想法最为有效的途径。

　　IDEO 以设计思维作为其核心思想进行创新设计，提出了 3I 模型，如图 2-4 所示，分别代表了启发（inspiration）、创意（ideation）和实施（implementation）三个阶段。其中启发阶段主要关心的是问题域，即"我有一个设计挑战"，我应该如何开始？创意阶段主要关心的是解决域，即"我有一个设计机会"，我如何把洞察转化为可行的创意？而实施阶段关心的是执行域，即"我有一个创新方案"，我如何把概念变为现实？3I 模型中体现出两次明显的发散和收敛的过程，第一次发生在启发阶段和创意阶段，经过大量的观察和访谈之后对信息进行综合提炼，第二次发生在创意和实施阶段，得到大量的创意之后筛选出价值较高的想法进行转换。D. Kelley 于 2004 年在斯坦福大学建立 D.School，并对 3I 模型进行了优化，提出移情、定义、创意、模型、测试的 5D 设计思维模型，如图 2-5 所示。

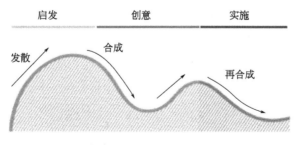

图 2-4　3I 设计模型（2004）

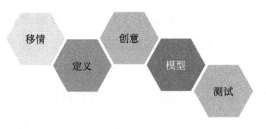

图 2-5　5D 设计思维模型（2004）

（2）事理学模型

清华大学的柳冠中先生提出了"人为事说"和"事理学"设计方法论，最初出现并运用于 2004 年的"筷子——亚洲食文化研究"中。事理学就是通过研究"事"来确定"物"，"事"特指在某一限定时空内人与人、物之间发生的行为互动与信息交换；"物"是产品的材料、工艺、形态、色彩等内部因素。"事"是塑造、限定、制约"物"的外部因素的总和，因此设计的过程是"实'事'—求'是'"，如图 2-6 所示。"实'事'"是发现问题与定义问题，"求'是'"是解决问题。事理学从人的需求出发，将设计问题转化为外部因素与内部因素共同作用下的目标系统。

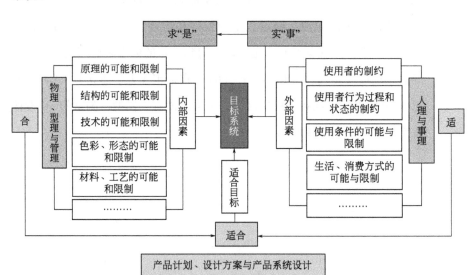

图 2-6　事理学设计模型（2004）

（3）双钻模型

英国设计协会 2005 年首次提出一种双发散—聚焦设计模式，被称作双钻模型（double diamond），如图 2-7 所示，它是在 C. Alexander 的单发散—聚焦设计模式的基础上进行的优化设计。

它将设计程序分为发现（discover）、定义（define）、发展（development）和发布（deliver），这与 IDEO 的 3I 模型类似，将 3I 中的解决域分为定义与发展两个子阶段。第一颗钻石中找出正确问题，深入了解用户真实需求，最后定义问题。第二颗钻石中进行创意的构思与设计的测试，最终确定产品的输出模式。从一个问题开始，通过初步的设计调查，然后发散思考问题，试图探究核心问题。只有这个时候才会或才能够聚焦于真正的深层问题。同样，在设计师得出最终的解决方案之前，他们用设计调查工具再一次拓展思路，发掘各种可能的解决方案。

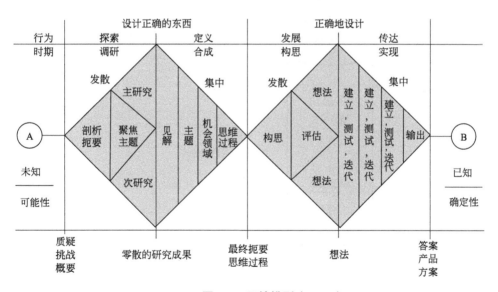

图 2-7 双钻模型（2005）

2.1.3 宏观创新设计程序

宏观创新设计程序是指从全局的角度出发开展的创新设计活动流

程，以战略化的顶层规划为特点。

（1）总体设计模型

英国思克莱德大学工程设计学教授 S. Pugh 在 1990 年提出"总体设计"的产品研发程序，他是全局设计构想的最初提出者。他认为产品研发程序应为"市场研究—信息的分析与综合—概念设计—细节设计—工业化实施—市场化销售"的立体性设计程序，如图 2-8 所示。这里树立了全局设计的概念，开始出现了战略层面的设计意识。在市场研究阶段，关注竞争对手与竞争产品的分析；在信息分析阶段注重信息的采集与信息的合成；在概念设计阶段注重数据的把握与方案的挑选；在细节设计阶段考虑设计方案的优化与成本模式；在投入生产到销售阶段了解市场发展趋势。

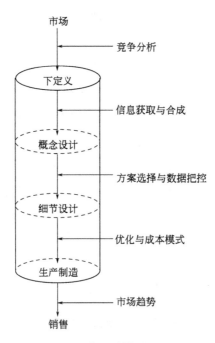

图 2-8　总体设计模型（1990）

这种从源头到终端的设计程序，第一次从全局设计的角度将碎片化的设计程序整合起来，使设计程序趋于系统与完善。但"总体设计"又是不完善的，它的弊端在于忽视了用户研究，只单纯从市场战略层面来进行设计路径的规划。

（2）系统设计模型

美国卡内基梅隆大学的交互设计学教授，同时也是国际设计类权威杂志 *Design Issue* 的主编 R. Buchannan，于 1997 年提出系统设计程序，如图 2-9 所示。提倡从战略与企业使命层面开始，开展设计相关方面问题的收集与选择，再到概念的提出、不断地建立模型与评估后的回路性设计迭代，直到最后的产品发布阶段。

阶段	目的
0 视野、战略	研究创意与大环境：确定有序的视野和战略并提出设计要求
1 设计要求	定义和筛选：最根本的问题，功能、造型
2 方案概念	发明与辨别：提出可能的产品方案概念，并辨别方案的可行性
3 实施	处理与评估：制作产品模型，进行用户测试评估
4 传达	呈现：模型呈现、文档呈现、产品化

图 2-9　系统设计模型（1997）

（3）R.A.C.E 创新设计模型

R.A.C.E（Research. Analysis. Concept. Execution）设计程序模型，如图 2-10 所示，它是基于螺旋型创新设计规划模型的优化型程序。意大利米兰理工大学战略设计教授 F. Zurlo 将创新设计的过程分为"准设计"与"设计"两个部分，以四象限模型的形式展开。坐标轴为"过程－输出"与"研究－行动"，每个象限的分区也划分清楚研究方向与设计方法，即"输出－研究"象限的设计语境研究、"研究－过程"象限的代表性用户分析、"过程－行动"象限的设计工作坊与"行动－输出"象限的原型与试错。

该设计程序是从"准设计"到"设计"的转化过程,是从研究到行动的线性移动,是从具象到抽象再到具象的立体循环。前三个象限均属于设计活动中的前期研究,这在国际上被称为"准设计"(metadesign),它最初作为一种工业设计方法论在 1963 年由乌尔姆设计学院的荷兰设计师 Andries Van Onck 提出。"准设计"就是根据设计输入阶段的研究结果开展进一步的设计分析,再把设计分析阶段的转化结果运用到特定的设计实践活动当中,把这些素材转化成定义限制、方案、指示和目标的清晰形势,这其中需要进行大量的资料收集与研究。

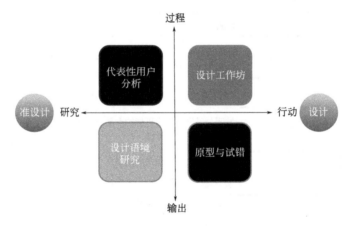

图 2-10 R.A.C.E 设计模型(2010 年前后)

2.2 设计战略思维下的创新设计程序构建

2.2.1 管理学层面的创新设计程序

管理学层面的创新设计程序是指企业新产品的开发程序,整个程序呈线型,分为模糊前端、生产与商业化三个阶段。模糊前端(the fuzzy front end）指新产品的设计研发环节，模糊前端本身就是产品创新设计的过程，是从大量、模糊的设计知识输入到明确的设计知识输出的过程，大致可分为机会识别、机会理解、创意产生与选择、创意实现与评估四个环节（图2-11）。之所以称其为模糊前端，是因为在产品开发的最初阶段存在着市场竞争环节的不确定、顾客需求的不确定、技术的不确定等众多因素，这导致了产品的设计创意在来源和走向上存在着极大的模糊性。

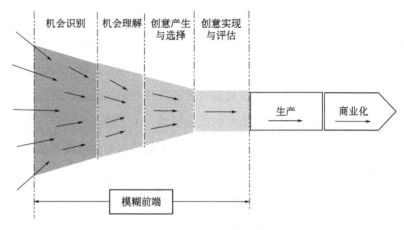

图 2-11　管理学层面的创新设计程序

模糊前端是创新的关键阶段，也是最佳时机，若一个新产品开发项目由模糊前端转向生产执行或商业阶段后才开始进行创新，其创新的速率便会大幅度降低，风险也更大，从产品远景和制造层面来看都会变得相当复杂（Hayes & Wheelwright, 1979）。模糊前端属于"思维管理（idea management）"早期阶段，它的完善直接影响设计概念的输出结果（American Productivity & Quality Center, 1998）。一旦一个明确的设计概念从模糊前端中出现并进入开发执行阶段，它通常会受到更加严格的约束和限制，其中包括产品分类、企业资金分析和项目管理计划等，这会很大程度上抑制创新的萌生（Alves & Marques, 2005）。充分和成功的模糊前端构建对企业的新产品而言是必不可少的，新产品的开发是踏实的攀登，充分的前期研究工作是成功攀登的保证。然而，当许多企业拥有了核心技术和资金时会像跳伞运动一样，自由下落，越过模糊前端直接进入产品的生产执行阶段，并指望能平稳着陆，但大量实施证明这样的产品开发成功往往取决于机会（Cagan & Vogel, 2017），并非常态。

2.2.2　设计学层面的创新设计程序

在设计学层面的创新设计程序中，模糊前端也称为创新前端（front end of innovation）或设计上游（upstream design），展现了企业"如何进行创新"的过程，占据整个创新设计系统的主导地位。对于传统制造业来说，对创新前端的重视不仅会提升企业设计创新的能力，更有助于推动产业链与创新链上游产生更多的附加价值，中下游产品生产与商业化阶段的创新也都将围绕着它展开，体现了创新前端对企业新产品开发系统的掌控能力。

该程序呈螺旋型（图 2-12），与管理学中的线型新产品开发流程不同，它是从研究到行动、从具象到抽象再到具象的迭代流程，具体可分为四个阶段。前三个阶段（图 2-12 中的灰色部分）囊括了一切推动创新设计结果产出的前期研发活动，对应管理学领域新产品开发流程中的模糊前端。第一个阶段主要研究设计语义、市场与技术之间的关系，对应模糊前端中的"机会识别"，包括设计研究和技术研究两大部分；第二个阶段则是具象的设计输入到抽象的设计输出的分析转化过程，建立在对用户需求的详尽分析之上，对应模糊前端中的"机会理解"，这一部分基于目标用户需求的分析基础之上，是由用户需求向设计要素的转化与相关设计价值的提取，是设计创意的灵感来源，这是管理学中的创新设计程序中所没有的；第三个阶段是设计概念的生成，是基于前两个阶段的设计概念提出，对应模糊前端中的"创意产生与选择"以及"创意实现与评估"；第四个阶段才是具体的产品开发执行，这里将生产与商业化两部分进行了整合。

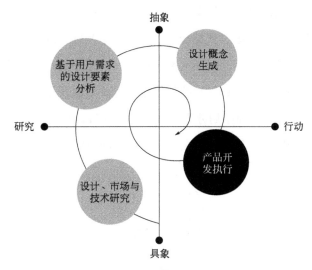

图 2-12　设计学层面的创新设计程序

2.2.3　设计战略思维下的创新设计程序

设计战略思维下的创新设计程序是管理学与设计学的交叉产物，管理学层面的程序是结构化、线型、有学科边界的，大多制造型企业的创新程序仍停留在管理学层面，其程序中涉及的创新方法也是不科学且不全面的。而设计学层面的创新设计程序是非结构化、螺旋型、无明显学科边界且迭代的，创新设计的方法是系统且整合的。

因此，从提升传统制造企业的创新设计能力与促进转型升级的角度来说，设计战略思维下的创新设计程序，应将两个层面相结合并进行优化，应强调各环节的迭代性和关联性，各环节相互融合。研究中有分析，分析中有解决。研究不仅仅提供知识，研究本身也是一种"设计"，在解决实际问题。设计实践中往往也融入研究的成分，即设计本身也是一种研究，是一体两面的。同时，要强调各环节研究方法的系统性、全面性与整合性，这样从中获取和创造的新知识才能更好地转化为创新经验，形成可持续的创新"软实力"，指导企业开展更多的创新活动。

基于此，本书以第二代螺旋型程序模型为基础，以宏观创新设计程序作为主要理论依据，同时引入微观创新设计程序的精华，从全局且系统的角度梳理并构建出设计战略思维下的螺旋型创新设计程序模型（图2-13），将创新设计程序划分为"设计输入—设计分析—设计输出—设计执行"四个阶段，用以指导企业更好地开展创新设计活动。

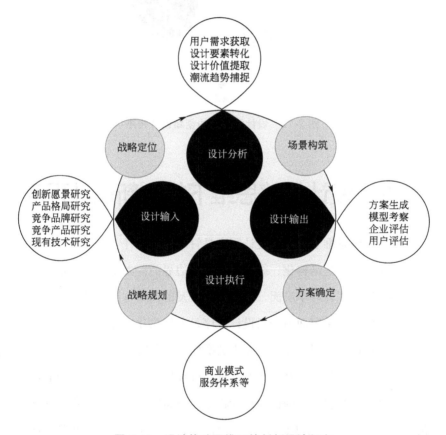

图2-13　设计战略思维下的创新设计程序

（1）设计输入

当企业准备进行战略规划时，首先进入设计输入阶段，它是创新设计程序的起始环节，企业在接到设计任务后进入"设计输入"。在这一阶段，企业首先需要明确设计战略的定位，才可以继续执行后续的环节，既是服务于设计活动的一切研究和准备工作，也是企业进行新产品开发的指导准则确立的过程。这一阶段是企业预判产品价值的阶段，需要通过对大量相关设计研究、市场与技术研究信息的收集，帮助企业确立设计战略的定位，对应管理学领域模糊前端中的"机会识别"，主要包括创新愿景研究、产品格局研究、竞争品牌与竞争产品研究、技术研究等内容及对应的研究方法。

（2）设计分析

设计分析是创新设计程序的中间环节，也是不可或缺的环节，是设计输入的研究结果转化为设计输出成果的桥梁。它为概念设计提供有力的依据并完成设计意向的场景构筑，对应管理学领域模糊前端中的"机会理解"。这一阶段是确定产品与用户价值的阶段，主要包括用户需求分析与设计灵感采集两个部分，涉及用户需求获取、设计要素转化、设计价值提取与潮流趋势捕捉的内容及对应的方法。用户需求分析与设计灵感采集的规则应以企业的设计战略为导向。该阶段首先是对用户需求的分析，指根据用户需求获取的结果，进行需求要素向设计要素的转化工作。其次是以设计要素为依据汲取设计灵感的过程。在某些情况下，如企业针对某类用户进行新产品开发时，也可在设计输入阶段介入用户需求的获取工作，对其需求要素的转化则在设计分析阶段进行。

（3）设计输出

它是针对设计分析阶段获得的研究结果展开设计概念输出的阶段，对应管理学领域模糊前端中的"创意产生与选择"和"创意实现与评估"阶段。该阶段涉及设计方案生成、模型考察、设计方案评估的内容及对应的方法。其中，设计方案的生成对应模糊前端中的"创意产生与选择"，模型考察以及设计方案评估则对应模糊前端中的"创意实现与评估"。设计输出阶段是为客户提供价值的阶段，企业设计战略为概念的筛选与产品评估的标准提供了依据,对设计方案构思的决策起决定性作用。

(4)设计执行

在创新设计程序的前序相关活动都完成后,进入产品的落地阶段即生产与商业化阶段,它是整个创新设计程序的末端环节,涉及商业模式创新、产品服务体系创新等内容与对应的方法。设计执行阶段是传播、交付客户价值的阶段,企业的设计战略能够指导商业模式的设计方向,影响新产品的市场化发展、利益相关者的联结和客户价值的实现。

第 3 章

设计输入的创新方法：设计战略定位

3.1 设计战略的定位内容
3.2 创新愿景的研究方法
3.3 产品格局的研究方法
3.4 竞争品牌的研究方法
3.5 竞争产品的研究方法
3.6 现有技术的研究方法

设计输入阶段是企业开展创新活动的初始阶段，是企业设计战略的定位阶段，也是企业预判产品价值的阶段。设计输入既是服务于创新设计活动的一切研究和准备工作，也是企业新产品开发指导准则确立的过程。这一阶段需要对大量的相关信息进行收集，在多方面充分研究的基础上识别创新机会，定位自身的设计战略，后续的环节将在其指导下开展。

3.1 设计战略的定位内容

设计战略的定位是指导企业开展创新设计活动的风向标，需要通过系统地考量企业自身与行业状况来确定。一方面，企业需从自身角度出发，有效评估自身创新能力的高低，明确创新高地与短板所在，从而树立创新的愿景作为指导企业创新发展的目标。同时，掌握自身现有的产品格局，能够帮助企业明确实施创新设计的产品类型。另一方面，企业需纵观整体行业/市场的发展现状，认清自己在其中所处的位置并预判市场及产品价值的未来趋势，识别品牌与产品创新设计的机会点。此外，清楚地了解企业的技术情况也是设计战略准确定位的必要条件。

（1）创新愿景研究

创新愿景即企业未来创新发展的目标与蓝图。创新并不是一味地喊口号，更不是脱离企业现实情况的创造，而是一种基于不同企业情况的系统分析，找出优劣势进而寻求突破的过程。因此，树立企业的创新愿景是定位设计战略发展方向的第一步。

（2）产品格局研究

产品格局研究即产品线研究，不同类别的产品线所采取的战略有所不同。从设计战略的角度进行创新，必须要充分了解企业现有产品格局，这有助于企业迅速定位最具有竞争力与创新发展前景的产品类型。

（3）竞品研究

竞品研究包括竞争品牌研究与竞争产品研究两个方面，知己知彼才能百战不殆，有效的竞品研究对企业设计战略制定、实施、监控的影响深远。竞争品牌研究可以帮助企业认清现阶段市场中各品牌的竞争局势，识别市场空白与发展机会，从而预判品牌的创新设计定位。竞争产品研究则落实到具体的产品设计层面，一来帮助企业明确自身产品的设计优势与不足；二来帮助企业找到具体的产品创新设计定位。

（4）技术研究

设计战略的定位中，技术研究是不可或缺的环节。企业最终需要的是能够落地实施的方案，所以技术的可行性是设计决策的前提。技术研究包括对新技术的研究与企业自身技术资源的研究两个层面。

3.2　创新愿景的研究方法

创新愿景研究需要从全局的角度出发，对企业的现有创新形势和创新能力有清晰的认识，在保持原有创新优势的基础上拔高创新洼地，即可视为企业的创新愿景。所树立的创新愿景贯穿于设计输入、设计分析、设计输出直至设计执行阶段：在设计输入阶段，它影响竞争品牌与竞争产品的评判指标设定；设计分析阶段，它影响用户需求分析中需求调研的设计导向；设计输出阶段，影响着设计方案的产出形式与评估标准；设计执行阶段，影响着商业模式的设计思路。

（1）创新景观研究法

创新愿景可采用创新景观（innovation landscape）研究法进行确立。它是一种系统化的企业创新情况评估方法，最初由 Doblin Group 于 1988 年提出，在几十年间不断迭代更新。它指出企业创新的失败从来不是因为缺乏创造力，而是因为缺乏规则，往往只聚焦于产品本身而忽略了创新的多样性与系统性。Doblin Group 集合了两千多个创新成果的案例，以如美国戴尔公司商业模式、日本丰田产品系统、美国国家高速公路系统等多领域的实践创新成果为蓝本，分析与提炼出一套系统的创新评估方法与规则。

创新景观把对企业的创新评估系统分为十种（如图 3-1 所示），以图表的形式可视化呈现企业的创新能力。这十种创新分为三部分。第一部分为配置（configuration），包括盈利模式、网络、结构、过程模块，远离终端消费者而着重于关注企业内部形势的商业化评估，称为后台研究（backstage）。第二部分为供给（offering），包括产品表现与产品系统模块，作为发展阶段向前端推进。第三部分为体验（experience），它关注于终端的用户层面，包括服务、渠道、品牌与用户参与模块，称为前台研究（onstage）。

图 3-1　创新景观

创新景观中各模块的创新活跃度评判层级分为以下五个：行动力匮乏、轻度活跃、中度活跃、活跃频繁与极度活跃。一般采用业内人士基于企业数据与资料的理性评估形式，为保证评估结果的精准，每个模块的创新因子数值由企业内部人员与行业专业人员共同评判，通过平均分值来确定企业各模块的创新等级。

只选择一种创新类型的简单创新不足以获得持久的成功，尤其是单纯的产品表现创新，很容易被模仿和被超越。企业需要综合应用上述多种创新类型，才能打造可持续的竞争优势。企业应在保持创新优势的基础上，选择得分相对较低的短板模块作为未来推动企业发展的创新愿景。

① 盈利模式创新　盈利模式创新，指企业寻找全新的方式将产品和其他有价值的资源转变为现金流，主要关注于某种品牌或产品的商业模式设计。这种创新常常会挑战甚至颠覆一个行业关于生产什么产品、确定怎样的价格、如何实现收入等问题的传统观念。以剃须刀品牌吉列为例，"剃刀和刀片"的盈利模式多年来一直备受推崇，并适用于从打印机和墨盒到胶囊咖啡机和咖啡胶囊等无数其他产业。其要点很简单，即建立一个安装主体作为系统的持久部件，并将其以低成本（甚至亏损）出售，然后通过高价出售一次性部件来享受经常性的收入。

② 网络创新　网络创新中的"网络"一词，包含三层含义。一是字面意思上的互联网络，众包等开放式创新模式是网络创新的典型案例。如2010年建立的小米社区将产品与虚拟社区相结合，鼓励客户积极参与其虚拟社区的建设，品牌根据顾客的咨询、反馈、产品体验和互动讨论等数据了解顾客的显隐性需求，并获取多元化的产品创意。提炼出更加匹配顾客需求的创新构思，最终实现价值共创，达到企业与顾客双赢的效果。二是人脉网络，指基于开放式创新的人才聚集和网罗，形成人与人之间、资源与资源之间的创新脉络。如意大利知名厨具用品公司 Alessi 和家具设计企业 Magis 集合全球众多知名设计师为其设计产品，设计师来自产品、建筑、平面、景观等诸多设计领域，形成了庞大的"设计王国"。此外，越来越多的企业联合学会或协会举办设计大赛，以此集思广益、扩大创新设计团队与拓展创新设计思维也是人脉网络创新的一种。三是企业充分利用其他企业的流程、技术、产品、渠道和品牌进行合作创新，以形成相关利益网络。

③ 结构创新　结构创新指通过采用独特的方式组织企业的资产（包括硬件、人力或无形资产）来创造价值。它可能涉及从人才管理系统到固定设备配置等方方面面。结构创新可以包括企业对人员管理激励机制的优化、创建"企业大学"以提供持续的高端培训等。如2017年10月阿里巴巴成立达摩院，其目的一是在全球建设自主研究中心；二是与高

校和研究机构建立联合实验室；三是开展全球开放研究项目——"阿里巴巴创新研究计划"（"AIR 计划"），致力于开展基础科学和创新性技术研究。它的建立形成了招募人才、培养人才、利用人才、拔高人才的一系列举措，同时也反哺了企业的系统性发展。

除此以外，结构创新的重要特征还可以表现为合理化的原材料采购、生产、仓储、物流、售卖等一体化结构形式。如美国知名连锁超市山姆会员店，有着一套繁琐庞大的供应商筛选制度，它实行全球采购，并通过贩售大包装产品降低了采购和营运成本，同时建立普通会员与卓越会员等级，以此形成差异化的服务结构。

④ 过程创新　过程创新涉及企业主要产品或服务的各项生产活动和运营过程。这类创新需要彻底改变以往的业务方式，使得公司具备独特的能力、高效运转、迅速适应新环境，并获得领先市场的利润率。比如，ZARA 的快速时尚供应链，从全球各地招揽"买手"、观察与归纳最新的设计理念与潮流趋势，使得服装从设计草图到上架只用 15 天，并自主开发了一套完整的计划、采购、库存、生产、配送、营销与客户关系管理平台及供应链协同系统。丰田汽车的精益生产系统（lean product development system）也是过程创新的典范，它是对产品生产全过程的质量管理。一是自动化管理，即当一件产品从概念到上线生产的过程中所有任务以及任务序列发生问题时立即停止设备，防止有缺陷的产品产生。二是准时生产管理，即在流程中每道工序只生产下道工序必需的产品。此外，还包括由全体员工参加的全员管理，注重人员培训、领导方式、组织结构和学习模式的标准化，注重充分发挥全体员工的积极性与能动性。

⑤ 产品表现创新　产品表现创新，指企业在产品或服务的价值、特性和质量方面进行的创新。这类创新既涉及全新的产品，也包括能增加实质性价值的更新和产品线的延伸与拓展。让产品表现提升可以通过简化产品使其易用，提供个人定制，改善产品外观、结构或功能，使其

更具美感或时尚感等途径展开。产品表现创新常被人们误认为是创新的总和，而它其实只是创新景观中的一项指标，常常是竞争对手最容易效仿的一类，但仍然是十分重要的一项指标，如果足够优秀它将带领企业和品牌脱颖而出。比如英国知名家电品牌戴森（Dyson），基于空气动力学与声学的研究，将压缩机转移到吹风机手柄中，设计出 Supersonic 吹风机，并使用双旋风技术，耗时 15 年的时间研发了真空吸尘器以及无叶风扇、空气净化器等一系列卓越且独一无二的家居产品。

⑥ 产品系统创新　产品系统创新的根源在于将单个产品和服务连接或捆绑起来，创造出一个强有力的、可扩展的系统。通过模块化、集成或其他方式在不同产品之间创建有价值的联系。产品系统创新可以帮助企业建立一个能够吸引并取悦顾客的生态系统，并且抵御竞争者的侵袭。产品系统创新包括对现有产品的扩展、将产品与服务组合或叠加使用效果，以致形成事半功倍的互补性产品。以我国知名定制家具品牌尚品宅配为例，它通过线上设计方案预览、线上预约上门服务与线下设计师驻点、全屋模拟实体体验的模式，将全屋定制、全屋系统设备、全屋成套家电以"样板间 + 场景化"的形式展现出来，实现电器与全屋定制融合，让消费者一站式购买家居所需。

⑦ 服务创新　服务创新保证并提高了产品的实用性和价值，它能使一个产品更容易被尝试、使用和享受，为用户展现了他们可能会忽视的产品特性和功能。如果服务做得好，即使是平淡无奇的产品，也能将其提升为引人注目的体验并吸引消费者再次购买，还能够解决顾客遇到的问题并弥补产品体验中的不悦。服务创新一般包括产品购买方式与使用方式的改进、后期维护计划等方面。例如，宜家家居通过免费送货、限时退货、儿童乐园服务与物美价廉的餐厅吸引消费者反复光临，餐饮品牌海底捞以免费小食与美甲服务改善顾客的等位体验。又如美甲服务平台河狸家颠覆了美容行业的传统线下模式，主打线上预约的上门服务，使得客户足不出户便可以享受到一对一的专享服务，同时实现了

"人的共享",让所有具备专业技能的人士,不再局限于某一家线下店面,让服务不再被禁锢在某个地点,从而提升双向的体验。

⑧ 渠道创新 渠道创新包含了将产品与用户联系在一起的所有手段。虽然电商在近年来成为了主导力量,但是诸如实体店等传统渠道还是十分必要的,特别是在创造"身临其境"的体验方面。这方面的创新行家常常能发掘出多种互补方式,将他们的产品和服务呈现给顾客。比如,苹果、华为、小米等体验商店为用户提供体验产品的场所。雀巢胶囊咖啡品牌(Nespresso)建立了全方位的渠道系统,开设可供用户品鉴的线下专卖店,消费者除了在店内购买咖啡机之外,还需要持续地补充购买咖啡胶囊。该品牌同时建立了用户俱乐部,通过线上渠道发送电子邮件提醒客户及时查看胶囊是否即将耗尽,从而引导他们继续购买。此外,自1996年以来该品牌便与丽思卡尔顿等五星级酒店及汉莎航空等公司进行产品合作,并开设厨艺与咖啡师、调酒师专业培训学校,以此拓展更多的产品销售渠道。

⑨ 品牌创新 品牌创新有助于保证用户能够识别、记住某种产品,并在面对竞争对手的产品或替代品时选择某种产品。好的品牌创新能够提炼为一种"承诺",吸引客户并传递一种与众不同的"身份感"。它们通常是精心设计策划的结果,包括产品、广告、服务交互、渠道环境等综合方面,品牌可以为产品与企业赋予更有价值的意义。

如电动车品牌特斯拉(Tesla),其在品牌方面的创新使之在极短的时间内与宝马、奔驰等历史悠久的汽车品牌比肩。特斯拉吸引的用户大多属于年轻化、愿意接受新事物的群体。在广告宣传方面,特斯拉另辟蹊径,放弃了传统的广告方式,采用了依靠社交媒体、专业论坛等方式来推广其产品的新型策略。销售形式上,一改传统的经销商推广为通过在热门购物中心或购物街区设立体验店的形式来展示与售卖产品,如南京的特斯拉体验店便开设于新街口知名的购物中心德基广场之中。

⑩ 用户参与创新 用户参与创新是要了解用户的深层愿望,并利

用这些了解来发展用户与企业之间赋有意义的联系。用户参与创新开辟了广阔的探索空间，例如各类知识咨询类APP，如大众点评、小红书、知乎等，均是用户参与创新的典范。以知乎APP为例，它建立起用户参与的社会化问答社区，融入社交理念并设立用户激励机制。除提供问答平台外，还引导用户进行主题构建、内容质量评价与知识传递等，促使用户贡献多元智慧，进行知识共创、共享。

以宜家家居（IKEA）为例，来看看如何通过创新景观寻找企业的创新机会。宜家是开创以平实价格销售自行组装家具的瑞典家居品牌，它的宗旨是为尽可能多的顾客提供他们能够负担的、种类繁多、美观实用、设计精良、功能齐全且价格低廉的家居用品。宜家家居在创新景观的网络、服务、用户参与这三个模块的创新活跃度较高。网络模块体现在网罗全球的设计师为之进行产品设计，形成庞大的设计师关系网。服务模块体现在它提供了线上与线下的立体式服务，线上可下单、预约送货时间与安装工人，并办理各种退换货业务。线下服务中，除了自助式购物外，还提供可供儿童玩耍的游乐空间与餐饮区域。用户参与创新表现在产品的组装形式上，宜家家居提供未装配的家具模块，用户购买后可自行动手组装，提升了用户的产品体验与参与感。除上述实例提及的模块以外，所有模块或部分模块均可作为创新愿景，企业可以有选择性地通过相关创新活动来实现这些愿景。

（2）SWOT分析法

企业的创新愿景也可采用SWOT分析法来确立。S（strengths）代表优势，W（weaknesses）代表劣势，O（opportunities）代表机会，T（threats）代表威胁。它是一种基于内外部竞争环境和竞争条件下的态势分析，是将与研究对象密切相关的各种主要内部优势、劣势和外部的机会和威胁等，通过调查列举出来，并依照矩阵形式排列，用系统分析的思想将各种因素相互匹配并加以分析，从中得出一系列相应的结论，而结论通常带有一定的决策性。运用这种方法，可以对研究对象所处的情景进行全面、系统、准确的研究，从而根据研究结果制定相应的发展战略、计划以及对策。

按照企业竞争战略的完整概念，战略应是一个企业"能够做的"（即组织的强项和弱项）和"可能做的"（即竞争环境中的机会和威胁）之间的有机组合。SWOT分析则包涵这两个部分：第一部分为"SW"，主要用来分析企业内部条件；第二部分为"OT"，主要用来分析企业外部条件。利用这种方法可以从中找出对企业有利的、值得发扬的因素，以及对企业不利的、需要避开的因素，发现存在的问题、找出解决办法，并明确未来的发展方向，即创新愿景。

如图3-2所示，优势（strengths）可以是该品牌所拥有的专业化的市场专家或研发团队等智力支撑、新的产品或服务、高品质的产品或服务、高战略性的商业地位、高水平的设计或制作流程、高效率的工作或管理系统、多年积累的忠实客户等方面。劣势（weaknesses）可以是差异化和质量较低的产品与服务、混乱的公司管理或营销计划、品牌名誉受损的影响、陈旧的技术与设备、高水平专家与研发团队的缺乏、消费

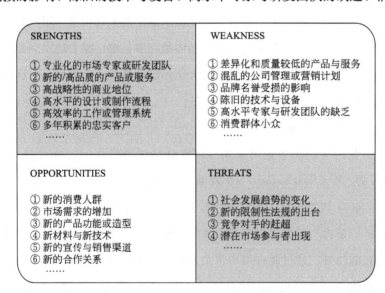

图3-2　SWOT分析

群体小众等。机会（opportunities）可以是新的消费人群、市场需求的增加、新的产品功能或造型、启用新材料与新技术、拓展新的宣传与销售渠道、发展和建立新的合作关系等。威胁（threats）可以是社会发展趋势的变化、新的限制性法规的出台、竞争对手的赶超、潜在市场参与者出现等。

3.3 产品格局的研究方法

企业在进行设计战略的定位时也要衡量开发风险和经济效益。企业通过产品格局研究来确定企业的盈利产品或亏损产品，不同类别的产品所采取的战略应有所不同。因此，企业需要对现有产品线内的所有产品进行分类，从而确立企业实施创新设计的产品类型。

产品格局研究主要采用波士顿矩阵法（BCG matrix），又称市场增长率与相对市场份额矩阵法、四象限分析法、产品系列结构管理法等（图3-3）。它由美国著名的管理学家、波士顿咨询公司创始人 B. Henderson 于 1970 年首创。波士顿矩阵认为一般决定产品结构的基本因素有两个：市场引力与企业实力。市场引力包括企业销售增长率、竞争对手及利润等，其中最主要的是反映市场引力的综合指标即销售增长率。企业实力是指市场占有率，它是决定企业产品结构的内在要素，直接显示出企业竞争实力。销售增长率与市场占有率既相互影响，又互为条件：市场引力大，市场占有率高，可以显示产品发展的良好前景，企业实力较强；如果仅市场引力大，而没有相应的高市场占有率，则说明企业尚无足够实力，则该种产品也无法顺利发展，预示了该产品的市场前景不佳。通过以上两个因素相互作用，会出现四种不同性质的产品类型，形成不同的产品发展前景：

（1）明星产品（stars）

指处于高增长率、高市场占有率象限内的产品群，这类产品可能成为企业的现金牛产品，需要加大投资以支持其迅速发展。采用的发展战略是：积极扩大经济规模和市场机会，以长远利益为目标，提高市场占有率，加强竞争地位。

（2）现金牛产品（cash cow）

又称厚利产品。它是指处于低增长率、高市场占有率象限内的产品群，是成熟市场的领导者，是企业现金流的来源，企业不必大量投资来扩展市场规模。企业往往用现金牛产品来支付账款并支持其他三种需大量现金的产品业务，尤其可作为明星产品投资的后盾。

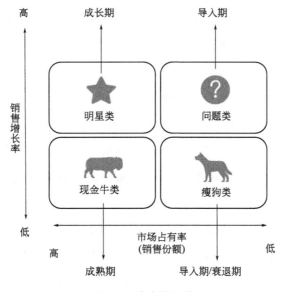

图 3-3　波士顿矩阵

（3）问题产品（question marks）

它是处于高增长率、低市场占有率象限内的产品群。前者说明市场机会大、前景好，而后者则说明在市场营销上存在问题，其特点是利润率较低。在产品生命周期中处于导入期、因种种原因未能开拓市场局面的新产品即属此类问题产品。对问题产品应采取选择性投资战略。

（4）瘦狗产品（dogs）

也称衰退类产品。它是处在低增长率、低市场占有率象限内的产品群。其特点是利润率低、处于保本或亏损状态，无法为企业带来收益。

对这类产品应采用撤退战略，减少批量，逐渐撤退，将剩余资源向其他产品转移。

3.4 竞争品牌的研究方法

竞争品牌研究的本质就是试图通过品牌差异化，找出有别于他人的创新机会领域，作为企业的设计战略导向。美国哈佛商学院著名的战略管理专家 M. E. Porter 最先提出，通过差异化策略来进行竞争品牌的研究。所谓差异化策略是指使企业产品、服务、企业形象与竞争对手有明显的区别来满足不同客户的需求，为消费者提供差异化的产品和附加值，以获得品牌竞争优势而采取的策略。

只有详尽地了解行业中竞争对手与自己所处的位置，才能够更加直观地找出差异化策略的突破口。所以在进行竞争品牌研究时，常采用品牌定位图法来确定企业自身在竞争品牌中所处的位置，这种方法使得竞争局势与行业趋势快速可视化。

品牌定位图又叫知觉地图（图 3-4），它是企业制定发展策略的有效工具，可以帮助企业评估品牌的特质、识别竞争局势，也可以帮助品牌更好地寻找新的定位坐标。当地图中品牌的位置相邻时，表示它们之间的竞争关系很强，反之则弱。地图中的空缺部分暗示市场中存在竞争空白，也可能是潜在的竞争机遇。定位图法的实施步骤如下：

首先，设定坐标轴，横、纵坐标轴必须是相对立的词语（比如高价位与低价位、休闲与正式等）。在品牌设计定位坐标的设定上，要考虑到根据整个品牌的发展态势而设定，最好能够体现品牌的文化底蕴、设计哲学、信息与情感传达。其次，通过评估小组对品牌各指标进行打分，根据分数确定各品牌在定位图中所处的位置，评估分数可通过各品牌的设计调性倾向来确定。评估小组的人员结构上，一般选择对所研究的企业或行业十分了解的专业人士，因为他们对各品牌的价位、设计风格等情况都能较为全面地掌握，得出的结果也能代表行业现状与走向。最终，根据评分结果绘制品牌定位图。定位图四个象限中的某个象限品牌越集中，表示竞争关系越激烈；象限中品牌越少，代表该区域可能是潜在的创新机会所在，但也可能是难以拓展的困难领域，因此需要企业具有敏锐的判断和识别能力。

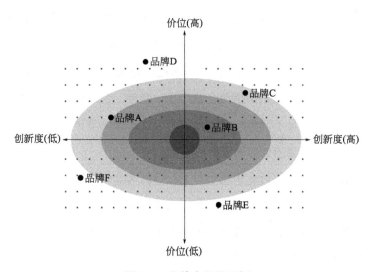

图 3-4　品牌定位图示例

以知识资讯类 APP 为例，来看看如何通过定位图法对竞争品牌进行研究并确定品牌定位。由图 3-5 可见，品牌定位图的两轴定为"教育—娱乐"轴与"正式—休闲"轴。图中大量的知识资讯类 APP 集中于"休闲—娱乐"象限，一般是集社交、分享、测评、娱乐功能为一体的综合型应用程序，如"微博""小红书"等应用程序。"教育—正式"象限内包括的是诸如"学习通"等专业学习资料传播类的应用程序。"正式—娱乐"与"教育—休闲"象限内 APP 数量较少，其中"教育—休闲"中的"4 号"APP 就是一款以游戏和趣味化形式，来辅助用户进行语言学习的应用程序；"正式—娱乐"象限中的"11 号"APP 则属于正式与娱乐两者兼具的新闻资讯类应用程序。

从整体来看,"休闲—娱乐"象限中 APP 数量最多、分布集中且功能较为相近,具有高度的交叉性,市场竞争激烈。图 3-5 中网络区域所属的"正式—娱乐"与"教育—休闲"象限中的 APP 数量相对较少,如要开发新的应用程序品牌则可以考虑在这两个象限中进行定位。

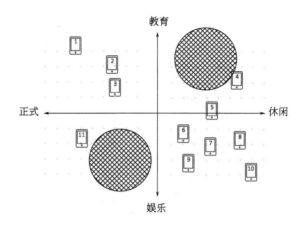

图 3-5　知识资讯类 APP 定位图

3.5　竞争产品的研究方法

在确定了品牌的新定位后,企业应将目光聚焦于产品层面的新定位。"竞争产品研究"一词最早源于经济学领域,在市场营销和战略管理方面,该研究是指对现有的或潜在的竞争产品的优势和劣势进行评价,从而帮助自己找到差异化创新机会的有效途径。它从本质上就是比较研究法,找出同类现象或事物,按照比较的目的,将同类现象或事物编组分类,之后根据比较结果进一步分析。该研究主要有两个目的:一是对比,找到自身产品不足;二是为自身产品寻找创新机会点以获得竞争优势。

(1)定标分析法

竞争产品研究主要使用定标分析法(benchmarking analysis)。定标分析法以雷达图为表现形式，雷达图又可称为戴布拉图、蜘蛛网图，它的优点是能设定多个评判指标，使各产品各项指标的情况一目了然，同时也能够更加直观地展现出自有产品与竞争产品之间的差距（图3-6）。该研究一般情况下针对同一产品类别，目标关注于产品本身，具体实施步骤如下：

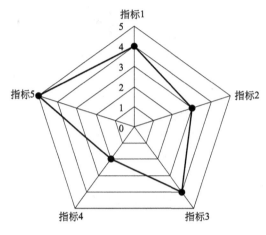

图 3-6　雷达图示例

首先，选择竞争产品样本。样本主要有三个来源：①从行业中处于领先水平的产品中选择，可从产品格局研究中的明星类产品进行选择，较具有代表性和典型性；②行业中旗鼓相当的对手产品；③潜在的竞争产品或将来可能的替代产品，选择其为样本的目的是预判竞争趋势，及时制造壁垒。

其次，制定分析准则。准则需由业内和专业人士，从某类产品设计中的重要指标中进行选取和确立，之后按准则对各品牌的代表性产品样本进行逐一打分。

最终，绘制雷达图。根据打分结果绘制不同产品的单个雷达图后，将所有品牌代表性产品样本的定标分析结果进行汇总，形成竞争产品雷达图，使得每个产品的优缺点更加直观。将竞争产品的各设计评估指标进行综合对比，其他竞争产品所拥有的指标可作为新产品设计时的参考，其他竞争产品所没有的指标则可作为新产品设计时的创新重点。

下面以童车类产品为例，介绍如何使用定标分析法进行竞争产品的研究并确立产品创新设计的定位。首先，选取童车行业中旗鼓相当的对手产品作为分析对象，本例中选取国外品牌"P"与"J"、国内品牌"H"这三个品牌的产品进行分析。然后，由业内和专业人士将童车设计的评估指标设定为价格、耐久性、舒适性、空间占用性、可操作性、轻便性、辅助功能性、安全性和美观性9个指标，并进行打分。除价格越高得分越低外，其余指标皆特性越高、得分越高。再根据打分结果分别绘制各产品的雷达图，并将"P""H""J"三个产品的定标分析结果进行整合，形成童车竞争产品雷达图（图3-7），使得各产品的特性一目了然。

以"J"产品为例，其优势在于童车的重量极轻、操作性很强。除主要功能外，其辅助性功能较差，价格方面也没有优势，因此增加辅助性功能并适当降低价格可视为其未来产品设计的创新机会。"H"产品的优势在于舒适性、价格低与耐久性，劣势在于轻便性差、美观度不足与空间占用率高，其中轻便性明显劣于其他两个品牌的代表性产品，因此如何减轻产品重量，可视为未来产品创新设计的重点。

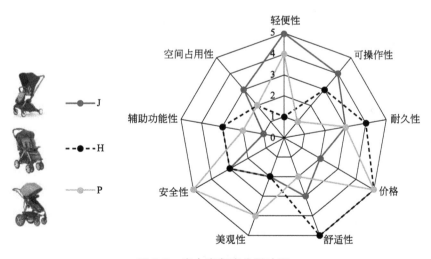

图3-7 童车竞争产品雷达图

（2）类型分析法

类型分析法是通过各品牌中同一类型或相似类型的产品进行分析的方法，它可以清楚地显现出竞争产品与自有产品的类型定位的差异，从而使得品牌重新考量产品的创新设计重心与导向。其实施步骤具体如下：先设定出多个畅销类产品设计的典型性评判指标，评判指标根据不同产品的特性而设定。继而根据各产品所具有的最优性能指标，将自有产品与竞争产品进行编组与分类。最终将分类结果嵌入类型分析图中，直观地呈现出各产品所属的类型。

以剃须清洁类产品为例（图3-8），首先选取该行业中的畅销型剃须刀作为分析对象。其次，确定剃须刀的三大重要性能评估指标为人机、造型与技术。继而进行综合且全面的评估，并将结果嵌入类型分析图中。这些产品有的仅具有单一性能，有的具有双重或三重性能，这里不用定量的数值来确定产品所处的位置，而是通过其优势性能将它们进行大致分类。这有助于企业发现自己的产品在市场畅销产品中所处的位置，清晰地掌握与竞争产品之间的差距，进而开展下一步的创新设计规划。

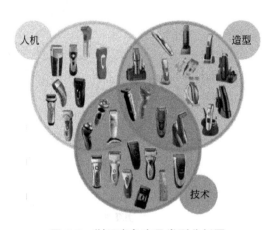

图3-8 剃须竞争产品类型分析图

3.6 现有技术的研究方法

这里的"技术"指"硬技术",不包括流程与方法等"软技术"。技术研究主要分为两个层面:一是实现产品创新的新兴技术研究,可包括新兴的制造技术、功能实现技术与设备等,诸如人工智能技术、物联网、云计算、虚拟现实与增强现实、CAX集成技术等。二是企业内部现有工艺、技术、机器设备的研究。企业最终需要的是能够落地实施的方案,当企业技术资源无法满足设计方案时,无疑将加大资金与人员等成本的投入,那么这样的方案可能是不可行的。因此,对于传统制造企业来说,对现有工艺、技术与设备的深入剖析更为常见。主要采用实地调研、专业人士采访等方法进行研究,由于企业类型的多样性,导致它们在技术研究层面与方法的选择上各有不同,故在本书中不做研究方法的具体阐述。

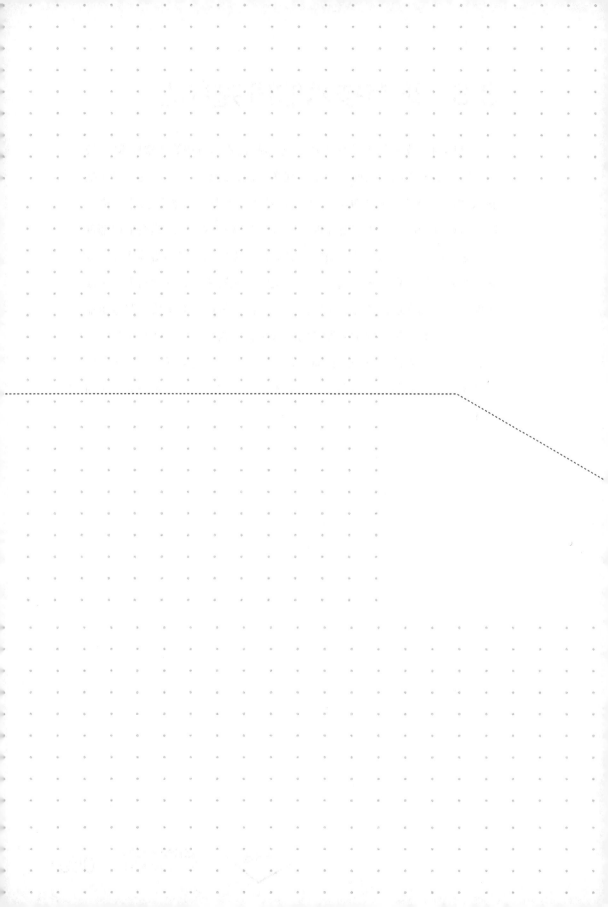

第 4 章

设计分析的创新方法：用户需求分析与设计灵感采集

4.1 用户需求的分析方法
4.2 设计灵感的采集方法

设计分析阶段是确定产品与用户价值的阶段，包括用户需求分析与设计灵感采集两部分内容，它作为将前期研究结果转化为设计的桥梁，为设计输出阶段积蓄养分。大部分传统制造企业的设计程序只是"输入—输出"的线性程序，即获取信息后直接输出方案，缺乏对信息的处理与分析转化过程，而这一过程恰恰是设计程序中最必要，且企业现有设计程序中最为缺乏的环节。用户需求分析与设计灵感采集的规则应以企业设计战略的定位为导向。

4.1 用户需求的分析方法

4.1.1 用户需求的分析流程

用户需求分析是设计分析阶段的首要内容，也是设计活动中的重要环节。设计的目的在于满足需求和解决问题，如果目标不清晰则无法获得有效的设计成果。这些需求是明确的设计解决方案，但其结果可以更好地为最终的设计方案提供依据，以便设计者进一步设计、开发出符合用户需求的产品，能够有效降低设计失败风险。用户需求的分析包括两个层次：

（1）用户需求的获取

用户需求获取是指通过人与人的互动或者人与物的互动，获得客观的信息、数据，加以分析和总结，从而得出用户对产品的诉求。用户需求可分为显性需求、隐性需求、综合需求，其中综合需求是将显性需求与隐性需求的研究结果进行结合与再分类的呈现。

（2）需求要素向设计要素的转化

在掌握用户需求后，如何满足需求便成为设计要解决的首要问题，这一部分主要对响应需求要素的设计条件进行分析，再根据设计条件提取设计要素以指导后期的方案设计，是一个层层递进的过程。

4.1.2 用户显性需求获取方法

显性需求是指用户可以表达的特定要求，其内容是用户较为全面且立体的信息，包括用户来源、受教育程度、收入水平、年龄、消费倾向与产品购买趋势。此外，还包括用户对具体产品的需求信息，如产品设计偏好、产品使用中普遍存在的问题等。

显性需求获取的常用方法为问卷调研法。问卷调研法起源于心理学研究，是指调研者通过统一设计的问卷来向被调研者了解情况、征求意见的一种资料收集方法。问卷主体内容可以包括用户基本信息，即被调研用户来源地、受教育程度、收入水平、家庭结构、年龄阶段、生活形态等。该调研是为了获得产品消费的主力市场、主要人群、消费场景、消费趋势与消费习惯。此外，还包括用户对于产品类型以及设计偏好等方面的明确性需求问题，包括产品色彩、产品类型、产品材质等。问卷中部分问题的设计，应以企业的设计战略定位为导向，可视情况而定。

面对不同类型用户时，问卷题型的设计也应做出相应的调整。一般来说，问卷题型分为是非型、选项型、排序型、等级型、视图型五种。

① 是非型　即"是"与"否"，"有"与"没有"的回答形式。

② 选项型　提供若干个答案，根据研究目的要求被调研对象选择一个或多个答案。

③ 排序型　列出若干选项，由被调研者按重要程度排序，选项控制在 10 个以内，以保证问卷的准确性。

④ 等级型　即"李克特五点法"，按"大小""轻重"等顺序进行排序，每个备选答案代表一个数字。"1"代表"不同意"，"2"代表"比较不同意"，"3"代表"一般"，"4"代表"比较同意"，"5"代表"非常同意"。

⑤ 视图型　以具有明显视觉效果的图形、图片作为选项，在用户作答不方便使用文字表述时，选择视图模式更为理想。例如，若用户为儿童或老人等不便进行文字作答的特殊人群，为了更好地了解他们的需求，将问卷的部分问题与内容设计为视图型更为合适。

4.1.3　用户隐性需求获取方法

隐性需求是产品使用过程中引发的潜意识要求，它们往往是用户不知如何表达或不曾想到的设计诉求。这些潜在的信息无法通过定量研究来准确获取，常通过用户与产品的交互行为传递出来，故一般使用定性的行为研究方法，即通过观察或访谈的方式记录某一特定环境下人们使用产品的行为关键信息来研究人们的隐性需求。

隐性需求有助于设计师发现可以为用户带来实质性利益并解决问题的产品创新机会。一旦需求信号被设计师洞察到并转化为设计要素付诸设计方案当中，便可能令用户感到兴奋。因此，设计师们想要呈现出能够戳中用户痛点并令其感到满足的产品，仅凭表象层的用户显性需求研究是不够的，更应关注对本质层的用户隐性需求进行挖掘。

（1）行为聚焦理论

在产品创新的研究系统中有三种理论存在（图4-1），第一种是产品聚焦研究（product-focused research），第二种是文化聚焦研究（culture-focused research），第三种是行为聚焦研究（activity-focused research）。以产品为中心的研究方法通常通过问卷调查、小组讨论的方法进行，整个研究过程只关注产品本身，有助于旧产品的改良与升级，而对于新产品的开发仅起到辅助影响的作用。文化聚焦研究是以人口统计数据中，有关用户日常生活模式的广泛趋势为参考，包括价值体系和社会结构的关系。这类研究的结果很少能有效地帮助研发团队进行产品的设计创新，只适用于预测产品未来生存的社会环境层面。行为聚焦研究则很好地消除了前两类研究的弊端,它不仅关注人和产品,更关注人与产品在环境中所发生的互动行为。运用这种方法可避免只关注产品本身的局限性,也可避免只关注文化与社会环境的宏观性,更有助于发现产品创新的机会所在。

美国伊利诺伊理工大学 V. Kumar 和 P. Whitney 教授在 2003 年提出行为聚焦理论（activity-focused research）作为用户隐性需求研究的理论基础,其理论的核心思想是在针对产品设计的用户研究中,通过观察和记录特定环境下人们的行为来挖掘用户的需求,这一理论与方法已成功服务于多个产品创新设计项目之中。

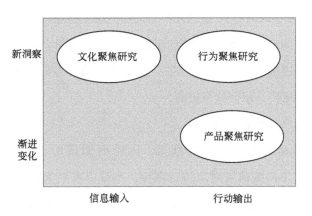

图 4-1　行为聚焦研究占位图

（2）用户行为研究框架

行为聚焦研究以"POEMS 框架"为支撑,研究者以该框架为依据,围绕用户的具体行为展开信息的搜集,清晰地记录、总结与提炼不同观察对象的关键行为,并将这些内容作为一种数据进行录入和分析,最终得出用户的隐性需求。POEMS 框架包括 5 个部分:

① "P" 代表 people,即被调研者;

② "O" 代表 objects,指与被调研者的行为相关的物体 / 产品;

③ "E" 代表 environments,指被调研者所处的环境和场景;

④ "M" 代表 message,指被调研者使用物体 / 产品过程中的可能相

关信息/行为；

⑤ "S"代表 service，指被调研者在使用过程中可能涉及的产品服务系统。

除"POEMS 框架"外，常用的用户行为研究框架还有 1994 年由 Robinson 等提出的"AEIOU 框架"，即活动（activity）、环境（environment）、交互（interaction）、物品（object）、用户（user）；2000 年由 P. Rothsein 提出的"4A 模型"，即行为者（actors）、活动（activities）、物品（artifacts）、氛围（atmosphere）；以及 2004 年由 J. Euchner 提出的"POSTA 框架"，即人（people）、物（object）、布局（settings）、时间（time）、活动（activity）。这些用户行为研究框架按适用性和有效性，由高到低依次为：POEMS > 4A > POSTA > AEIOU。可见，以行为聚焦研究为理论依据提出的"POEMS 框架"，相较于其他行为研究框架来说适用的产品范围更广、研究效率更高。

（3）用户观察框架的创新

POEMS 是一个开放性的框架，这种框架适用于不同的产品类型，可根据不同的研究对象进行调整。本章以家具类产品为例，选用 POEMS 为基础框架，融合其他研究框架中的互补元素对该框架进行创新，搭建"PEOMTS-P 框架"，即用户（people）—空间（environments）—产品（objects）—使用行为与信息（message）—时长（time）—产品所提供的服务（service）—用户痛点（pain point），来展示用户行为研究的过程与隐性需求推导的机理，具体实施原理如下：

首先，开展用户 P（people）行为的观察活动需先划分用户日常生活中所处或可与产品相接触的空间 E（environments），再梳理该空间中可能被用户使用到的相关产品品类 O（objects）。继而，对用户使用这些产品的行为 M（message）进行观察，同时统计各行为持续的时长 T（time），掌握产品的使用时长与频率，并将用户从产品使用中获取的服务 S（service）进行分类。此外，在行为观察的基础上加入用户访谈，进一步挖掘用户痛点 P（pain point），指用户使用产品过程中抱怨、不满、感到痛苦的接触点，即在产品使用中遇到的问题。由于痛点无法顺畅且明确地用语言表达，故只能通过"用户观察＋用户访谈"的方法进行研究。

（4）行为研究的实施步骤

① 前期准备　根据目标用户定位界定入户调研人群，提前与被访者与被观察者确定入户的日期、用户的称呼、访谈形式及地点。

② 观察与访谈的实施　围绕被观察者的活动场景、活动行为、用户喜好、生活方式等方面展开。以引导式的提问方式，在被访者允许的情况下，对访谈内容进行录音并拍摄产品使用场景图。

③ 信息整理　建立用户行为信息记录卡，对图片及访谈资料进行信息的整合。

④ 结果分析　将入户观察与访谈内容分别进行总结和分析，提炼出用户隐性需求。

（5）用户样本数量的确定

在定性研究中并非用户的数量越多越好。定性研究的难度比定量研究更大，它更注重设计调研后的结果分析和总结。不在于采样的多少，而在于深度；不在于统计数据的多少，而在于理解的程度。关于调研样本数量与调研结果的可靠性，Nielsen Norman 咨询集团董事、著名的交互学教授 J. Nielsen 在可用性测试的研究 *Why You Only Need to Test with 5 Users* 中提出，在测试中发现的可用性问题可用下式计算：

$$N[1-(1-L)^n] \tag{4-1}$$

式中，N 为该产品设计上存在的可用性问题的数量（因为是潜在的问题数量，所以这里只是一个假设的数值）；n 为参与测试的用户数量；L 为测试单个用户所能发现的可用性问题占所发现问题总数的比例，经过研究大量项目后计算出一个均值，通常 L 的值为 31%，即 0.31。如果取 L 为 0.31，将上述公式表示成曲线，则如图 4-2 所示。

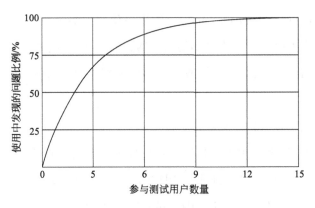

图 4-2 尼尔森测试信度

当开始从单个测试者身上搜集数据的时候,几乎可以从其身上找到全部设计问题的三分之一。当对第二个用户进行测试时会发现,他的做法和第一个人有很多共同之处,但人各有异,因此也会在第二个人身上获得很多不同于第一个人的发现。随着被测人数的增加,新发现会越来越少,当被测试人数增加到 5 人以后,得到的就都是类似的结果,而且很少再有新发现了。将 $L=0.31$,$n=5$ 带入式(4-1),会得出 $0.8436N$,假设产品中潜在的问题数量为 100,那么有 5 个人参与的用户测试就可以发现 84.36 个问题,这能够代表所有用户使用问题中的近 85% 的问题。

(6)用户隐性需求的导出机理

用户隐性需求的导出需要设计师透过用户行为研究的表象对研究中收集到的信息加以整合和筛选,提取出有效信息来挖掘用户的隐性需求所在。以家具为例,按照"行为聚焦—痛点提取—隐性需求导出"的研究机理展开具体的推导过程,如图 4-3 所示:T(time)主要活动时长→M(message)主要活动行为→E(environments)主要活动空间→O(objects)常用家具→S(service)常用服务→P(pain point)常用家具中的用户共性痛点→用户隐性需求。

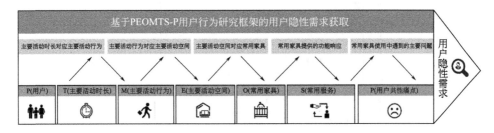

图 4-3 用户隐性需求获取机理（以家具产品为例）

① 用户行为聚焦　对收集到的用户行为信息进行整理，通过活动时间长短的排序推断用户的主要活动行为、行为发生的主要空间、空间中使用的常用产品（家具）及对应的常用服务。

② 用户痛点提取　对行为聚焦中用户在主要活动空间中的常用产品（家具）及其功能、使用中遇到的主要问题进行深度挖掘，提取出用户共性痛点。值得注意的是，当针对一个以上的用户进行研究时，应将所有被调研用户的痛点进行统计和归类，提炼出用户共性痛点。这里的"共性"是指大部分用户普遍存在的，而非个例，只有寻找出具有代表性和普遍性的共性痛点，才能设计出更能够满足大部分用户隐性需求的产品。

首先，将所有被调研用户的痛点进行统计，筛选出产品使用时所遇到的问题，并用简短的规范化语言归纳出若干个用户痛点。继而，将所有被调研用户的痛点进行聚类分析，将调研结果进行排序并创建交互矩阵，如图4-4所示。矩阵两端为用户最为集中的痛点所在，从外向内直到矩阵中心，痛点共性逐步减弱。

③ 隐性需求导出　用户痛点是用户隐性需求获取的触发点和突破口，这里需要设计师将总结出的用户共性痛点进行逐条分析和讨论，最终导出与之对应的用户隐性需求并建立隐性需求模型，用以确立后期的设计导向。

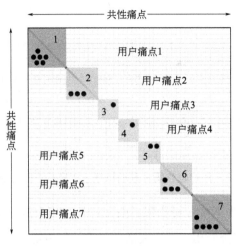

图4-4 用户痛点矩阵模型

4.1.4 用户综合需求获取方法

在隐性需求导出后,需要将隐性与显性需求进行结合,最终形成用户综合需求,一般采用小组讨论法以获得充分且全面的结果。小组讨论法是每个小组通过前期研究的结果,选择相同类型或不同类型的用户需求,分析、讨论其潜在动机、愿望和态度的方法,最终通过文字或图画的方式来呈现讨论结果。

综合需求按照马斯洛需求理论进行需求层次的归纳与划分,把需求从低到高分为生理需求、安全需求、情感需求、尊重需求和自我实现需求五类。通过小组讨论,将用户显性和隐性需求根据五个需求层次的特点进行归类,并整合为五层次综合需求模型(如图4-5所示),具体如下。

① 生理需求　满足最低需求层次,用户只要求产品具有一般的可用性功能即可。

② 安全需求　满足对"安全"有要求的用户,用户主要关注产品

对身体的影响。

③ 情感需求 满足对"情感"有要求的用户，用户主要关注产品是否在用户情感的表达上有所表现。

④ 尊重需求 满足对"自我尊重"有要求的用户，用户主要关注产品中自主选择的权利是否被尊重。

⑤ 自我实现需求 满足对"自我实现"有要求的用户，用户主要关注产品是否提供可以自我发挥、自我成就的功能与机会。

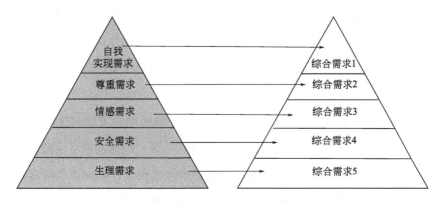

图 4-5 五层次综合需求模型

4.1.5 需求要素向设计要素转化的方法

在掌握了用户需求之后，如何满足这些需求便成为设计要解决的首要问题。设计师需要先考虑什么样的设计条件可以满足用户的需求，再考虑什么样的设计要素可以支撑设计条件。这是一个从需求转化为条件、再由条件细化到具体设计要素的过程，也是设计方案的创新依据。

需求要素向设计要素转化可通过发散性思维来实现，而思维导图是表达发散性思维的有效工具之一。思维导图又叫心智导图，由英国著名心理学家、教育学家 T. Buzan 提出，IBM、GM（通用汽车）、Microsoft（微软）等知名企业几十年来一直在使用这种创新设计思维方法。

思维导图简单却又很有效，它将各级主题的关系用相互隶属且相关的层级表现出来。在进行绘制时，首先要将主题清晰地放置在思维导图的中间，主题作为中心向四周放射出分支。分支是由一个关键词来构成的，根据一级分支的内容延伸出二级分支，以此类推。每一个分支代表与中心主题的一个连接，而每一个连接又可以成为另一个中心主题，再向外发散出成千上万的关节点，呈现出放射性立体结构。整个思维导图的绘制过程需要不断地扩展、修正，以保证各元素与分支的完善。当绘制思维导图时，大脑会产生一些能量，这些能量会激发和解放思维，一旦绘制出思维导图，许多元素便能够一目了然。

本书基于需求要素向设计要素转化的思维导图所发散的主要方向是：由需求要素关键词引申出设计响应条件，即"根据需求可以做出什么样的设计响应"；再由设计响应条件引申出实现设计响应条件所需要的设计要素，即"什么样的设计要素可以实现设计响应条件来达到需求的满足"，具体形式如图 4-6 所示。

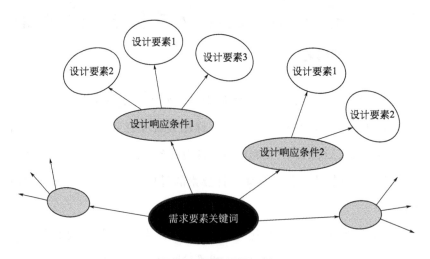

图 4-6　思维导图示例

4.2 设计灵感的采集方法

4.2.1 设计灵感的采集途径

在设计分析阶段，还要思考通过何种设计途径来拓展设计师的设计思路与实现设计要素，为后期设计输出阶段提供设计灵感。设计灵感的采集是概念设计的养分和创新源泉，许多企业存在着模仿甚至抄袭其他品牌设计作品的情况，他们提出的往往是毫无新意与识别度的设计方案，究其原因是没有对设计灵感进行广泛收集，更没有掌握设计灵感的采集方法，导致设计思维枯竭。设计灵感可通过以下两种途径进行采集：

（1）设计价值的提取

在设计活动中，设计师对设计价值的提取大多来源于热门的设计作品，着重聚焦于自己所从事的产品设计领域，而忽视了设计的缩放属性。应在聚焦于某一领域设计价值的同时，将焦点发散至更广泛的产品领域，进行调焦式设计价值提取。经过收集和整理，将提取的价值点建立为设计元素采集库，以便于指导后期设计方案的输出。

（2）潮流趋势的捕捉

企业想要通过设计来引领行业，跟上瞬息万变的市场步伐，就势必要对潮流趋势了如指掌。这里并不仅限于对某一具体产品设计领域趋势的收集，而是横跨和涵盖多个领域、多个维度的潮流捕捉。

4.2.2 设计价值的提取方法

设计价值的提取主要采用蓝色天空研究法（blue-sky research），这种方法由意大利米兰理工大学设计学院的学术团队经多年实践验证有效。蓝色天空研究被称为"转化设计"（transit-design），既是一种研究方法也是一种分析过程，主要通过 CMF（colors、material、finishing）即色彩、材质、表面装饰展开，也可根据不同的设计项目、不同的产品类型对归纳方法进行创新和改良。设计价值可从以下几个产品领域进行提取：

（1）直接产品领域

对于某一类产品设计来说，直接领域就是该产品类别本身。可以从该产品类别的造型、色彩、材质、结构、功能、表面装饰、产品形式中提取设计价值。

（2）边缘产品领域

边缘产品一般为一些与该类别产品相关的产品或周边用品，以家具类产品为例，家居类产品如灯具、家居装饰品、餐具、布艺、白色家电等均属于边缘产品领域，这些作为配合家具而呈现的边缘产品也是设计价值的来源之一。

（3）其他相关产品领域

对设计价值的提取已经从某一产品的直接与边缘领域延伸到邻近行业，比如家具类产品延伸至室内装饰、交通工具、时装，甚至是建筑行业中去，无论从形态、配色、形式、结构还是材料方面都可以提取出具有启发性的设计价值。

以童车设计为例，介绍设计价值应如何提取。考虑到用户对空间占有率、安全性、轻便性、可携带性与移动性的需求，童车的设计价值除了可以从童车这一直接产品领域提取外，还可以从边缘领域与其他相关产品领域中吸取。如提取自行车的折叠形式，以满足降低空间占有率的需求；提取儿童座椅的结构与安全绑带设计细节，以满足安全性需求；提取可收纳、折叠、移动座椅的开合形式与轻便材质，以满足轻便性、可携带性与辅助储物的需求；提取轮滑鞋的脚轮结构与材质，以满足移动灵活性的需求（图4-7）。

图 4-7　童车的价值提取领域

（图片来源：Brompton 官方网站；Apramo 官方网站；Sitpack 官方网站；Rollerblade 官方网站）

4.2.3　潮流趋势的捕捉方法

（1）潮流趋势捕捉的目的

"潮流"（trend）一词可追溯到中古英语（Middle English）和高地德语（High German），其最初的意思是"转变""旋转"或"循环"。在工业设计领域中，意大利的孟菲斯集团（Memphis Group）设计的成块色彩和随机固定的形状也是一种时尚潮流。当消费者购买某一件时尚产品或一件家具时，并不仅仅因为消费者喜欢而去购买，而是因为持有这件产品本身会带来一些特定的社会、文化或心理价值。它使得消费者感受到与众不同、前卫、流行或是满足，因为他们已经看见拥有这件产品后的他们和这些价值联系在了一起。

潮流趋势分析的目的是识别在文化中新出现的现象或形式，它作为一种"文化基因"影响着世界的消费趋势、人的生活方式以及美的哲学。潮流主要指模式识别（pattern recognition）。那么什么是模式？模式（或样式）通常指的是某种视觉形象、图案或结构，通常出现在衣服、壁纸、软装饰品上；也可以是在其他事物上，比如动物身上的固有花纹；更可以在社会行为中被发现。

潮流趋势的捕捉并不仅限于对某一产品，它横跨和涵盖多个领域的潮流研究，与设计价值提取一样，为后期设计方案供血。对设计灵感的收集也需要考虑到对潮流信号进行捕捉，潮流所释放出的是一种生活方式与趋势的信号，尽管它是微弱的，但会随着时间的推移和更迭，潜移默化地影响社会的文化。只有掌握设计的潮流趋势，才能紧跟瞬息万变的市场步伐。潮流趋势研究在市场中的位置处于企业即供物方与消费者即需求方之间，它是拉近两者间认知鸿沟的有力推进者。潮流研究帮助设计师更好地设计出贴近社会发展与大众喜好的产品或服务，大众通过潮流的引领者们接触到企业的新产品或服务，从而进行购买和使用的行为。因此，潮流趋势研究是创新设计中连接企业与用户之间的重要桥梁。

（2）潮流趋势捕捉的领域

通过观察不同领域的文化和产业，来寻找某个想法或某种时尚在另一个领域出现的迹象，如果这样的一种交叉出现了，那么这种时尚潮流将会成为一种长期且具有较高影响力的趋势，这种分析方法叫作跨文化分析（cross-cultural analysis），它是潮流趋势研究中特有的方法，本质上与蓝色天空研究法相似。它是一种认知隐藏信号的方法，通常是一些微弱的信号，这些信号来源于自然、社会、技术、人口、文化、民族习俗等的动向，主要从宏观、微观、技术与社会文化趋势四个维度来进行潮流信号的捕捉。

① 宏观趋势　从大的范围（国内或国际）来观察潮流趋势，通常涉及人口统计学、政治、经济、自然环境等内容。人口统计学包括年龄比例、劳动比例、教育水平、种族区分等；经济环境包括经济增长率、国际竞争、消费模式变化、储蓄、债务、可支配收入等；自然环境包括原材料的短缺比例、能源成本的增加、政府对自然资源的干预等；政治和法律环境包括政府法规与政策、道德规范与社会责任、公共志愿组织的增加等宏观环境导向。例如，"新冠"疫情下国内与国际宏观趋势发生巨大的动态变化，无论是在经济还是政治方面，消费模式、交往模式、工作模式与学习模式都发生了翻天覆地的变化。能源成本不断增加，失业人口增加，原材料进出口关税上涨等都是宏观趋势的范畴。

② 微观趋势 微观趋势主要涉及设计本身,一般从色彩搭配趋势、材料使用趋势、装饰元素趋势、产品造型趋势、产品表达形式趋势、产品与用户互动形式趋势这几个方面来汲取设计灵感。微观趋势研究不仅局限于产品领域,还包括对建筑、家电、电影艺术、时尚、室内装饰、科学技术等领域潮流的提炼。比如关键词为"编织"的潮流趋势,可通过建筑如被称为"鸟巢"的国家体育场、港珠澳大桥青州航道桥"中国结"造型索塔,以编织为主要元素的灯具设计,以及家具领域中具有编织感的家具形式进行提炼,如图4-8所示。

图4-8 微观潮流趋势——"编织"

(图片来源:国家体育场官方网站;港珠澳大桥官方网站;Magis官方网站;Flos官方网站)

③ 技术趋势 技术趋势是不断迭代更新的,每隔一至两年新的技术变化趋势便会出现并充斥于各个领域,最先出现在医疗、通信及电子行业,继而向其他行业扩散,比如前几年出现的3D打印技术,到虚拟现实技术(VR),再到人工智能技术(AI)。2020年阿里巴巴达摩院对本年度的十大科技趋势进行了预测和发布,具体包括:人工智能从感知

智能向认知智能演进、计算存储一体化突破 AI 算力瓶颈、工业互联网的超融合、机器间大规模协作成为可能、模块化降低芯片设计门槛、规模化生产级区块链应用将走入大众、量子计算进入攻坚期、新材料推动半导体器件革新、保护数据隐私的 AI 技术将加速落地、云成为 IT 技术创新的中心。作为企业的设计师，设计战略思维下的技术潮流趋势捕捉是在总体的大技术趋势之下，寻找可以与本领域相结合与匹配的技术趋势加以分析。

④ 社会文化趋势 社会文化趋势包括家庭、购物、健康、生活方式、着装、饮食、社交方式、工作状态、交通方式趋势等。Wunderman Thompson 公司发布了 2020 年《全球 100 大趋势报告》，其中有关社会文化的趋势包括：女性体育精神、城市创新社区建设、打破社会禁忌、失恋服务、遏制社交巨头的影响等。由此可见，社会文化趋势是多元化的，它是家庭趋势、健康趋势、生活方式的文化集成。比如，当今社会人们追求的"快"文化，体现在交通、通信与物流领域。"体验"文化体现在饮食领域，人们喜欢去高档或有特色环境与氛围的餐厅，不仅是享受食物更是享受环境与服务。"孤独感"文化体现在"宅""空巢"、沉迷于虚拟社交而缺少现实社交的生活方式之中。

（3）潮流趋势捕捉的途径

潮流趋势的捕捉对于设计师收集素材的能力要求较高，设计师需要经常翻阅杂志、设计资源与咨询类网站、报纸，关注微博和公众号的推送，收看电视节目，观看时尚发布会以及参加各大领域展会和商品交易会。先预览一切事物，再提取交叉频率最高的"素材"，建立一个可视的"素材图书馆"，即潮流数据采集库，再根据不同的设计类别有侧重地选择潮流参考范围，为未来的产品设计提供丰富的参考。

第 5 章

设计输出的创新方法：设计方案的生成与评估

5.1 设计方案的生成方法
5.2 设计方案的评估方法

设计输出是设计输入与设计分析的产物，所有的前期研究和分析都服务于设计输出阶段，这一环节需要将所有的前期研究成果通过设计的实践活动转化为具体的设计方案，并通过设计评估来考察设计方案的合理性、可行性及与企业设计战略定位的吻合程度。设计输出阶段是为客户提供价值的阶段，设计战略为设计概念的筛选与产品评估的标准提供了依据。

5.1 设计方案的生成方法

5.1.1 设计方案的生成过程

设计方案生成过程是通过设计实践活动将设计输入与设计分析的成果进行合成的过程。设计方案无法针对某一个具体的用户来进行，它需要满足多类型用户的特点，所以第一步是建立用户角色模型，用以代表具有某些需求共性的用户人群。继而，以建立的角色模型为载体生成对应的设计方案。

（1）角色模型的建立

清晰的用户角色模型可以让设计师更加聚焦于产品的使用对象/服务对象，并产生共情，帮助设计师跳出惯性思维，立足于用户角度思考设计。同时，进一步明确了目标用户群与市场，帮助企业立足于更加具象的情境中开展具体的、有指向性的方案设计，甚至渗透到终端的商业模式设计之中。因此，应先建立角色模型，继而根据不用角色模型的需求特点，从设计分析阶段中的设计灵感采集结果，提取相应的设计灵感用于实现设计概念的转化。

（2）设计方案的生成

先是设计概念的提出，再是设计概念到具体设计方案的落实。在这一阶段中，设计师需要通过"头脑风暴"思维激荡法开展设计活动。在此方法的催生之下，众多设计概念被提出、筛选和分类，并根据设计战略的定位要求整合出具体的概念设计方向，最终针对不同的用户角色模型输出设计方案。

5.1.2 角色模型的建立方法

（1）用户角色模型的构成

交互设计之父 A. Cooper 最早提出了用户角色（PERSONA）的概念：PERSONA 是真实用户的虚拟代表，是建立在一系列真实数据（市场数据、可用性数据）上的目标用户模型。它是一种勾画目标用户、联系用户诉求与设计方向的有效工具，用户角色并不是脱离产品和市场之外构建出来的，形成的用户角色需要具有用户共性或显性特征，能代表产品的主要受众和目标群体，具有典型性。

首先，通过用户调研去了解用户，根据他们的目标、行为和观点的差异，将他们区分为不同的类型；然后从每种类型中抽取出典型特征，赋予名字、照片、场景等描述，形成一个人物原型。PERSONA 包含以下七个要素：

P 代表基本性（primary）：该用户角色是否基于对真实用户的情景访谈；

E 代表同理性（empathy）：用户角色中包含姓名、照片和产品相关的描述，该用户角色是否具有同理心；

R 代表真实性（realistic）：对那些每天与顾客打交道的人来说，用户角色是否看起来像真实人物；

S 代表独特性（singular）：每个用户是否是独特的，彼此很少有相似性；

O 代表目标性（objectives）：该用户角色是否包含与产品相关的高层次目标，是否包含关键词来描述该目标；

N 代表数量性（number）：用户角色的数量是否足够少，以便设计团队能记住每个用户角色的姓名，以及其中的一个主要用户角色；

A 代表应用性（applicable）：设计团队是否能将用户角色作为一种实用工具进行设计决策。

（2）用户角色模型细分

要根据不同产品类别与用户细分进行用户角色模型的塑造。在特殊人群的角色模型塑造中，要考虑到建立多重人群的角色模型。比如儿童类产品设计中，儿童为产品主要使用者，家长为相关使用者，也是购买者，所以不仅要对儿童用户进行角色塑造，还要考虑家长角色的塑造。再如，老年医疗产品设计中，老人为主要使用者，家人与医护人员为次要使用者，这时需要建立的用户角色模型就需要涵盖多种角色。

（3）用户角色模型构建步骤

首先，根据前期用户需求研究结果，提炼用户共性痛点与需求的关键词，构建不同类型的用户角色雏形。之后完善用户角色所具备的要素，使之成为接近真实的用户角色。构建要素如图 5-1 所示，包括用户基本特征即虚拟的姓名、年龄、性别；用户职业；用户特点与爱好，指用户角色的日常爱好与个人特点；用户行为特征，指用户角色日常行为或使用产品时的行为特点；产品的消费偏好与需求，即用户偏向于购买或重点关注的产品类型与需求等信息；此外，还可视情况加入用户消费能力的相关描述等内容。

图 5-1　用户角色模型的构建要素

（4）用户角色模型数量

用户角色模型不宜超过 3 个，模型过多容易造成设计需求的重复与冲突。用户需求要素与产品设计要素中会存在普遍的共性，比如都需要情感上的关怀与人性化的设计等，故在角色模型需求的塑造中，每个模型或多或少会存在部分的需求交叉。

（5）用户角色模型的设计灵感提取

在用户角色建立后，基于各角色模型的心理、生理、行为特征、喜好及消费态度等综合信息，提取对应该角色模型的设计灵感，以便指导后续基于不同用户角色的设计实践。

5.1.3 设计方案的产出方法

（1）设计概念的产生

头脑风暴法是产品设计概念产生的必要手段，是一种激发性思维方法，是创新设计团队集思广益的过程。设计方案的产出过程是一个持续的思维发散、综合、筛选的过程，在头脑风暴法的指导下会生成多种设计概念，团队成员在初期阶段可以表达天马行空的想法，但在最后的方案归类整合阶段要舍弃不切实际的想法，筛选出可实行的方案。应以设计输入与设计分析阶段提取的企业设计战略定位与诸多需求要素、设计要素为筛选标准。具体实施方法如下：

① 将团队分为若干个小组，每组要有来自各个部门/专业背景的成员，以确保设计概念的可行性与全面性。各小组根据对用户角色模型设计灵感的提取，综合考虑前期的设计战略定位，进行设计概念的初步讨论。活动的时间控制在 1h 之内最为有效，时间过短所得到的结果不够完善，时间过长组员易产生厌烦疲劳的状态，影响设计概念的质量。为了在短时间内激发组员的想象力和创新力，给组员紧迫感以提高效率，各环节控制在 10～15min。

② 小组中每个成员针对设计要素进行单独思考并给出 3～4 个设计概念，各成员每出 1 个概念便使用图像加文字的方式在便签纸上进行方案的视觉化呈现，使得组员们可以在短时间内直观地了解设计概念的内容，过程耗时 15min，如图 5-2 所示。

图 5-2　头脑风暴实施过程

③ 各组员分别陈述各自方案之后，进行第一轮小组讨论，确定小组中是否有重复概念的出现，时长 5min。

④ 当各小组全部完成讨论后，进行各个组间的组员交换，交换的组员需帮助其他组提出新的概念，时长 10min。交换的目的在于思维的转换与概念的完善，有助于新想法的迸发。

⑤ 在活动主持人的指导下，各组将所有设计概念进行归类并筛选出可落地、符合企业设计战略定位的概念，去掉类似的、企业现有技术资源无法实现的概念，时长 10min，如图 5-3 所示。

（2）设计方案的输出

根据不同的用户角色模型挑选适合的设计概念方向，并依据对应各角色模型提取的设计灵感进行具体设计方案的落实。方案的初步输出形式采用手绘或 CAD 图进行表现，包括产品外观、结构、使用方式等，后期还需要经过模型考察对方案进行深入调整与优化。

图 5-3 头脑风暴下设计概念产生形式示例

5.2 设计方案的评估方法

5.2.1 设计方案的评估内容

设计方案评估是设计输出阶段的最后一个环节,对后续的设计执行具有决定性作用。首先通过产品模型的构建对各设计方案进行初步考察,便于对各设计方案进行进一步优化。在此基础上,利用企业与用户的双重评估方法挑选出最优方案。

(1)模型考察

通过模型构筑法对初步的设计方案进行考察,是对方案可实现性与是否存在设计缺陷的评估。考察内容包括产品结构、功能以及使用中可能存在的问题，以便尽早提出优化建议，而不是在产品打样或生产之后才发现不足，避免物力的浪费和生产周期的拖延。

（2）双重评估

在众多优化后的方案中，要挑选出最符合企业设计战略定位与满足用户需求的方案进入最终的设计执行阶段，帮助企业赢得市场，使得产品赢得用户，因此需要来自企业与用户双重层面的全面性评估。

5.2.2 模型考察法

模型构筑是将草图变成等比例缩小的立体产品模型，它与产品实物打样不同，不需要耗费过多的材料与人力即可迅速实现设计方案实体化。模型制作的过程本身也是方案优化的过程，它运用相对简单的材料对产品设计方案进行快速物化，设计者在动手制作模型的过程中，对已有的设计想法可以进行拓展和进一步深化，也可以及时发现并尝试解决问题。模型一般按照与实物1∶1、1∶5或1∶10的比例进行搭建（如图5-4所示）。模型分为低保真模型和高保真模型，取决于模型材料的选择，设计师可根据不同需要进行选择。低保真模型一般采用纸质模型，而高保真模型一般采用与最终产品相类似的材质呈现。高保真模型可以是木质、金属、塑料、PVC板或3D打印模型，最接近产品实物状态，但较低保真模型来说，时间和成本上的要求都相对较高。特别是在产品设计中，结构的推敲、各部件尺寸的匹配以及模块的组合、拆分的转化方式，都要在模型制作的过程中考虑全面，以预见今后在生产中可能遇到的问题。

在模型建成后，可模拟用户进行尝试性操作，以获得日后用户可能产生的使用体验。在模拟使用的过程中，需要对产品结构、尺寸、装饰都提出进一步的优化意见，以用户的角度而非设计者的角度去考察方案。

图 5-4 模型的制作

5.2.3 双重评估法

对设计方案的评估，不仅是对方案本身设计合理性的评估，更是对方案是否符合企业设计战略定位的考量，也是对方案是否响应用户需求的评判。因此，需要通过来自企业与用户的双重力量开展评估，可以是对单个方案评议或对多个方案的选择。

不论评价的主体是企业还是用户，评估都可采用公式评价法、实验评价法、综合评价法三大类方法进行。其中公式评价法是通过公式计算来得出客观、定量的结果，常见的是评分法、层次分析法等。实验评价法是通过对产品的测试而得出的实效性评估，偏向于定性评价，常见于产品功能方面的技术性实验检测。综合评价法依靠评价主体的经验并结合量化手段进行综合评价，兼具定量与定性，常见的有名义群体法与德尔菲法等利用"群体"讨论、评判而得出评价结果的方法。

（1）企业评估

企业评估主要是对各方案是否符合企业的设计战略定位进行评估，同时也可将设计方案与企业原有产品进行对比，评估结果代表着新方案与原有方案相比的创新效果考量。参与企业评估的主体可以由企业的高层管理者即决策人员、研发团队、营销部门人员、生产技术部门人员与对外邀请的行业专家、学者等专业人士组成，他们从专业的角度与企业实际情况出发，评选出最优方案。

（2）用户评估

用户始终是企业所围绕的核心主体，产品最终也是为用户所服务的，因此用户是设计评估的重要主体。用户对设计方案的评估对企业后续的商业化决策来说至关重要，可以规避一定的开发风险，帮助企业在设计执行阶段设计出更适合用户、更为合理的商业模式。用户通常会从产品的安全性、美观度、价格等相关性指标来进行评估，因此本书中提出的用户评估，主要针对方案各设计指标是否满足用户需求或需求满足的程度进行评估，评估主体可从前期需求研究中的用户群体进行选择，也可视情况邀请被调研用户以外的其他相关用户群体进行评估。

第 6 章

设计执行的创新方法：商业模式设计

6.1 商业模式与创新设计
6.2 商业模式的设计方法

设计执行作为设计战略思维下创新设计程序中的最后一个阶段也是收尾环节，属于企业创新活动的"点睛之处"。设计执行是指设计方案如何以市场化的方式进行扩散、传播、盈利的阶段，也是传播、交付客户价值的阶段，是助力设计方案落地、助力企业获得利益与价值的重要环节。这一阶段主要涉及商业模式的创新设计，企业的设计战略能够指导商业模式的设计方向，影响新产品的市场化发展、利益相关者的联结和客户价值的实现。

6.1 商业模式与创新设计

商业模式（business model）是管理学领域的研究热点之一，管理学大师 P. Druckor 曾经说过："当今企业之间的竞争，不是产品之间的竞争，而是商业模式之间的竞争。"商业模式归根结底是企业创造价值的模式。在《厘清商业模式：这个概念的起源、现状和未来》（Osterwalder, Pigneur, 2005）一文中，商业模式的公认定义得以明确，即"一种包含了一系列要素及其关系的概念性工具，用以阐明某个特定实体的商业逻辑"。它描述了公司能为客户提供的价值以及公司的内部结构、合作伙伴网络和关系资本等用以实现（创造、营销和支付）这一价值并产生可持续、可营收性收入的要素。每一次商业模式的革新都能给公司带来一定时间内的竞争优势。但随着时间的流逝，公司必须不断重新思考它的设计。

商业模式是需要设计的，柳冠中先生在《设计是"中国方案"的实践》中提到，若没有用设计的系统思维分析需求，用设计的方法去实现引导需求的方式，商业只是披上羊皮的狼。商业的目的是追求利润，而设计的目标是实现人类的社会价值。

诚然，商业模式的设计在促进创新方面的作用是双重的，它既是一种重要的创新设计工具，本身也可能作为创新设计的源泉。例如，面对不同的消费者分群，需要进行设计方案的再调整；面对不同的关键合作者，应进行产品系统或营销方式的再改变；面对不同的销售和传播渠道，应进行产品或服务形式的再设计。同样地，对商业模式的创新是对目前行业内通用的、为顾客创造价值的方式提出的挑战，力求满足顾客不断变化的要求，为顾客提供更多的价值，为企业开拓新的市场来吸引新的客户群体。

商业模式设计是一种系统性创新，企业可在商业模式的各项构成模块实现新的突破，从而带动系统性的变革。企业根据商业模式中不同模块的创新，可获取商业层面的更多利益，这里的利益不仅指经济上的，更是价值上的。

6.2　商业模式的设计方法

商业模式的设计一般使用商业画布（business canvas）进行规划，如图 6-1 所示。其于 2010 年出版的《商业模式新生代》一书中被提出，是一种实用的模块化工具，是更明确地描述、分析与设计商业模式的通用方法。

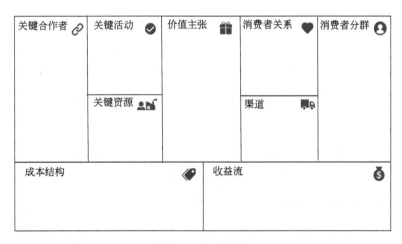

图 6-1　商业画布

商业画布由消费者分群、消费者关系、渠道、价值主张、收益流、关键活动、关键合作者、关键资源、成本结构九大模块构成，企业可以从其中的任一模块或几个模块，甚至全部模块进行创新性的规划。在使用商业画布方法进行商业模式设计时，也应以企业设计战略的定位为导向，尤其是以企业的创新愿景为指导，着重对创新愿景所对应或涉及的模块进行重点设计。

6.2.1 消费者分群

这个模块界定不同的消费人群与组织群，企业要瞄准目标消费群来准备产品和服务。消费者是商业模式的心脏，不同的消费人群对某一产品的功能、尺寸、使用场景、购买渠道等众多方面都有所差别。为了更好地满足消费者，可以根据其共性要求、行为举止或其他共同的因子对完全不同的群体进行分组。例如车类产品的消费者分群中，企业根据不同地域、收入层次与用车需求的人群，推出不同性能的车型和附加配置。再如，护肤品企业针对不同年龄层、不同肤质、不同消费水平的用户，而推出的各类产品线与产品规格，以及线下体验店与线上网店的购买渠道，以满足不同消费习惯与倾向的用户群体。

一种商业模式可以界定一个或多个消费群体。企业必须做出清晰的决定，即为哪个群体服务，哪个群体可以忽略。一旦做了这样的决定，就可围绕这个群体进行全面设计，企业想要吸引不同的消费者分群，就需要：

① 根据消费者的不同需求提供完全不同的产品或服务；
② 要通过不同分销渠道抵达他们身边；
③ 要和他们之间建立不同的消费者关系；
④ 分析他们身上不同的收益特性；
⑤ 掌握他们的购买或消费倾向与意愿。

6.2.2　价值主张

价值主张模块描述的是产品与服务的捆绑包，这个捆绑包为特殊消费群创造特殊价值。价值主张是消费者要从一个品牌转向另一个品牌的原因所在。可视为企业提供给消费者的一种利益集合或利益包，每一种价值主张都是选择不同的产品和服务，以迎合特殊消费群的需求并帮他们解决问题。某些价值主张可能是创新的、象征一种新的或裂变的提供物；而另一些价值主张可能与现有的市场相似，但增加了某些特征和属性。它可以是定量的（例如价格、服务速度等），也可以是定性的（如设计、消费者体验等），具体可以通过以下六条路径建立价值主张。

（1）大规模定制/服务

通过调整产品模式来满足不同消费者/群的需求，为他们创造价值。大规模定制这种途径既能定制产品与系统，还能保持规模经济的优势。例如，我国定制家具品牌尚品宅配与德国的定制家具品牌Mycs，均面向用户的个性化要求提供定制化、模块化的家具产品。

（2）品牌和地位

消费者可以通过一个简单展示行为彰显产品的价值。如佩带高附加值的饰物显示消费水准，或穿戴最时尚的服饰来显示品位。

（3）价格

对于价格敏感的消费群来说，以更低的价位提供相似的价值是一种普遍的做法。以我国的西南航空、欧洲的EasyJet与Ryanair等航空公司为例，他们设计了整套商业模式来专门针对低成本的空中旅行，比如使用低廉的喷气式飞机、不提供免费的饮料与餐饮服务来降低成本和消费价格。

（4）体验

营造环境与互动场景，让消费者体验服务与产品，不以推销作为第一目标，而是通过消费者的沉浸式体验，自然而然地了解产品的魅力，从而为之买单。例如宜家家居的居家式自助购物环境、苹果线下零售店的沉浸式体验环境。

（5）性能

改进产品的性能来创造价值并吸引消费者。这些性能可以是新的功能、更大的存储空间、新的使用方式、新的使用环境以及更人性化的服务。比如 iphone 的 emoji 功能、华为的 5G 技术等。

（6）设计

设计是一项重要但又难以测量的要素，产品可以因优良的设计而引人注意。不仅仅是设计风格，更是设计表象下的产品语言。比如 MUJI（无印良品），它的产品设计一旦被消费者接触到，就能发出一种禅意、简约的生活意识，会启发人们去追求这种生活方式。

6.2.3 渠道

渠道构筑模块描述的是一个企业如何能够将产品或服务进行传播，最终到达消费者群体，并如何与之互动以递送其价值主张。传播、分销和消费渠道是企业与消费者之间的接口，渠道提供与消费者的接触点，在用户体验中扮演重要角色。渠道有以下作用：

① 提升企业产品与服务在消费者中的知名度；

② 帮助消费者评估企业的价值主张；

③ 让消费者购买到具体的产品与服务；

④ 将价值主张传递给消费者；

⑤ 为消费者提供售后服务支持。

渠道可以分为直接渠道与间接渠道，其中又有自建渠道与合作渠道两种。企业可以选择通过自身建立的渠道到达消费者处，也可以选择通过合作者的渠道接触到消费者，或采取两者混合的方式。找到正确的渠道配搭形式，对于价值主张传递到用户处来说具有事半功倍的作用。

自建渠道可以是直接的，如线下旗舰店直销或网店销售，自建渠道与特殊的直接渠道投入较大。合作渠道的形式投入较小，可通过合作者的力量来获得更多的利润并惠及更广泛的用户群体。这方面的考量是在不同类型的渠道中找到平衡，将之整合为一种途径，创造一种非常有效的用户体验，从而使收益最大化。以 Nike 为例，它有自建的直接渠道即独立实体旗舰店与官方网站，也有如零售店或综合型百货商店的独立专柜等间接渠道。合作渠道是间接的，如批发给分销商自有品牌或合作的网络商城，如我国的胜道体育、欧洲的 Foot locker 等，还有网络专门的售卖平台——"得物"APP。

6.2.4 消费者关系

消费者关系模块描述企业构建与特殊消费群体关系的形态，企业应当将关系的形态清晰化，根据每一个不同的消费群体来构建。消费者关系可以分为以下四种类型。

（1）基础性的个人帮助

这种关系基于人与人的交互作用，消费者能够在售中和售后得到销售人员切实的帮助。这种关系可能发生在销售交易地点，通过面对面的导购、电话反馈以及 E-mail 的手段进行基础性的服务。

（2）专注性的个人帮助

这种关系往往专注于某一个消费者代表，它体现一种最深的和最亲密的关系类型，通常要经过相当长时间的培育周期。比如常用的会员制方式，并对会员进行分级，随着会员等级提高，消费者可享受到更多的优惠和更好的服务。

（3）自助服务 & 自动服务

在这种类型的关系中，企业并没有直接和消费者保持关系，而是提供所有必需的手段和设施让消费者享受自助服务，目的就是为消费者创造便利。以 Amazon Go 为例，Amazon Go 是亚马逊推出的无人便利店，它颠覆了传统便利店与超市的运营模式，使用计算机视觉、深度学习以及传感器融合等技术，彻底跳过传统收银结账的过程。它通过感知人与货架之间的相对位置和货架上商品的移动，来计算是谁拿走了哪一件商品。顾客只需下载 Amazon Go 的专属手机应用程序，在商店入口处扫码成功后，便可进入商店开始购物。传感器会计算顾客有效的购物行为并在顾客离开商店后，自动根据顾客的消费情况在亚马逊账户上结账收费。

（4）共享 & 共创

越来越多的企业正在利用用户共享来扩大潜在消费群体，建立共享成员之间的链接。许多企业正慢慢将卖方关系转变为与消费者共创价值，以语言学习类应用程序 Duolingo 为例，企业保持在线共享让用户交换知识和互相解决问题，打造用户与企业双赢的局面。

我们来看看不收用户一分钱，Duolingo 是如何通过消费者关系的建立，助力其成长为一家价值 7 亿美元的公司的？Duolingo 是一款可以免费供用户使用的语言学习类应用程序，以游戏化的界面、连续打卡的激励机制来提高用户体验，增加用户黏度。同时，它关注用户的习惯，对他们的成绩进行追踪记录，根据他们的兴趣点和语言水平，提供适合他们当前语言技能等级和个人喜好的翻译素材，这些翻译素材来自书籍、大型互联网站上的文章和新闻报道。在获得足够高质量的用户翻译素材后，商业化的需要促使 Duolingo 把目光聚焦到商务翻译的服务上，它搭建起了 B2B 平台，以 CNN 为代表的企业会向 Duolingo 付费，购买高质量的真实用户翻译的文章或新闻报道的内容，这便形成了用户与企业价值共创的"众包"模式。

6.2.5 关键资源

关键资源模块所描述的是对一种商业模式而言最重要的资产要求。

资源让一家企业创造并提供它的价值主张、到达市场并维持与消费群体之间的关系。关键资源可以自己拥有，也可以从其他公司租赁或从关键合作者处获得。关键资源可以分为：

（1）物质资源

这种资源类型包括物质性资产，如制造场地、制造设备、机器、相关系统、分销系统和仓储能力等。

（2）智力资源

包括品牌、专业知识、专利和版权。微软和谷歌依靠软件系统和知识相关的资产发展了很多年，高通是以无线技术的研发和芯片专利作为关键资源。

（3）人力资源

人力资源在知识密集型产业和创意产业中属于决定性的资源。如制药巨头诺华，除了拥有由大量科学家组成的研发团队，还拥有庞大的商业项目运作与销售团队。

（4）资金资源

包括现金、贷款、集资、融资等，还有针对创业公司来说的天使投资。

6.2.6 关键合作者

关键合作者模块描述在设计商业模式过程中的合伙人企业，它们创造联盟的目的是使得商业模式最优化，减少风险或者获取更多的资源。可以把合作关系分为以下四种类型：

① 非竞争者之间的战略联盟关系（优衣库与迪士尼、可口可乐与麦当劳）；

② 竞争者之间的战略伙伴关系（苹果手机的屏幕来自三星与LG）；

③ 为开发新业务而构建的合资关系（宝马与中华汽车）；

④ 为确保可靠供应的购买方即供应商关系（原材料供应商、各品牌／企业的代理商、经销商）。

此外，还包括特殊与高端智力资源的外部导入，这与关键资源中的人力资源相同。任何一家企业都不可能把各领域最高端的人才全部纳入自己的内部系统。如在技术密集型与知识密集型行业中，机械、电子、医药等行业科学研究团队的置入；在设计行业中，个别设计行业领域的专家、知名设计师、设计团队的项目加盟，以及对知识与资历要求更高的战略设计、商业模式生成、产品服务体系构建等活动的外部咨询机构等资源的借用。

以意大利知名厨具制造公司 Alessi（阿莱西）为例，将厨具转化为情感对象是其设计战略的定位。在此设计战略定位的指导下，企业广泛寻求与世界上各个领域最优秀的设计师进行产品设计的合作，吸纳高端智力资源及合作者，并设计出诸如外星人榨汁器、安娜人形开瓶器等知名作品。这些合作者中包括意大利建筑设计大师 A. Rossi（阿尔多·罗西）、意大利后现代主义设计之父 A. Mendini（亚历山德罗·门迪尼）、英籍建筑设计师 Z. Hadid（扎哈·哈迪德）、法国家具／产品设计师 P. Stark（菲利普·斯塔克）、日本著名产品设计师 N. Fukasawa（深泽直人）等，他们虽各具个人特色与表现风格，但始终没有脱离 Alessi（阿莱西）公司所秉持的情感、俏皮和象征性的设计战略来开展设计活动。

6.2.7 关键活动

关键活动模块是企业得以成功运营所必须实施的重要活动。它是企业利用关键资源，为实现提供价值主张、到达市场并维持与消费群体之间关系而开展的业务。关键活动可以分为：

（1）生产与制造

这种活动与设计、制造和递送产品相关联，重在生产量的可持续性与产品品质的保证。其关键活动可以是设计研发环节、产品测试环节和质量监控环节等。

（2）问题的解决

指为个别客户或单一群体的问题提供新的解决方案。如咨询服务、医疗服务、保洁服务、外卖服务都属于问题解决型的行业活动。

（3）平台的搭建

这里的平台指资源整合与对接的平台，比如淘宝、京东这种将众多商家整合起来的网络销售平台。再如，Airbnb（爱彼迎）将各地的民宿主与游客联系在一起。又如，智能科技类产品、家具、食品、服装等产业所参与的国内外展会，为他们搭建了和其他合作者与消费者链接的平台。

6.2.8　成本结构

成本结构模块所描述的是所有商业模式的运作成本，包括创造与递送价值、维持消费者关系、最终收益中的所有成本。这种成本在界定了关键资源、关键活动和关键合作者之后相对比较容易计算清楚。成本结构分为两种类型：

（1）成本驱动

成本驱动型商业模式聚焦于尽一切可能使成本最小化。用低价位的价值主张、尽可能自动化、大规模来减少资源投入与损耗。如EasyJet和Ryanair这两家欧洲的廉价航空都是典型的成本驱动型商业模式，利用低廉的机票价格吸引用户，但通过付费行李额与付费餐食来增加收益。当下流行的网络销售也是如此，减少了店面租金、装修、维护和水电等费用，将物质性资源降至极致。

（2）价值驱动

某些公司聚焦在价值创造的特殊商业模式，非常规的价值主张和高度个性化的服务，通常是以价值为驱动的商业模式的特征。如奢华酒店以其豪华的设施和尊享的服务，着落在这种类型上。比如 BVLGARI（宝格丽）酒店，这间酒店是意大利珠宝品牌 BVLGARI（宝格丽）的衍生产业。"意大利"本身就被视为"时尚、高贵、顶级"的代名词，也是"价值"的彰显。酒店房间从家具到灯具等装饰均采用意大利品牌，如著名家具品牌 B&B、Flexform，知名照明品牌 Flos 等。酒店除了备有米其林餐厅，还有专为男性顾客准备的理发与修容中心，这些细节无一不体现着强大的价值驱动力。

6.2.9 收益流

收益流是指从消费群体中可获得的利润（成本必须从创造的收益中剔除）。一种商业模式可以包括两种不同类型的收益流：一是收益来自于一次性消费支付；二是收益来自于持续性支付。收益流的获得有以下五种途径：

（1）资产销售

出售物理产品的所有权而获得的利益，如汽车、电子产品、图书等。

（2）使用费

Airbnb（爱彼迎）以住多少个夜晚来向游客收费；包裹递送服务以从一个地方到另一个地方的分包递送来收费；针对骑行与跑步爱好者而设计的 Strava GPS 应用程序，通过提供收费的高级会员服务，如训练计划、培训视频、耐受度测评、路段成绩比较等项目，以及网络社交功能，如分享数据、添加好友、组织额外收取费用的会员线下活动，以增加收益。

（3）时段费

这种收益流通过某一时段的阶段性、连续性的服务来生成。如健身房以月费或年费来获得利润,同样通过私人教练的阶段性售卖课程来获得收益。

(4)租赁费

这种收益流是通过临时准许某人获得使用权、定期支付费用来获得的,对于出租者来说它提供的是重复的收益优势。如租房、租车、租家具、租赁服装服务等。

(5)特许授权

通过许可消费者使用商标、商号、专利、专有技术和经营诀窍等知识产权,缴纳许可费而获得收益。如早期,中国的大部分地板企业缺乏核心的"锁扣"技术,需向欧洲知名的技术垄断企业 Unilin(尤尼林)缴纳"地板锁扣技术"专利许可费用,才能参与到全球地板市场的竞争之中。中国企业利用该专利每生产 $1m^2$ 的地板,就要交纳 1 美元专利费。此外,这种收益途径在如肯德基、连锁超市等获取特许授权的企业之中更为常见。

第 7 章

设计输入的创新方法应用

7.1 创新愿景研究方法的应用
7.2 产品格局研究方法的应用
7.3 竞争品牌研究方法的应用
7.4 竞争产品研究方法的应用
7.5 技术研究方法的应用

从本章开始进入到设计战略思维下创新设计方法的应用研究，选取传统制造企业中的儿童家具企业为应用对象，以国内某知名企业"S"为核心分析对象，系统化地阐述创新程序各环节创新方法的实际使用步骤与流程。在应用研究中打破企业原有设计部门的边界，将其与市场营销、品牌策划等部门以及外邀专业学者相融合，组成新的创新团队来保证各方法的有效执行。

设计战略下创新设计程序的首要环节是设计输入阶段，在此阶段主要选取创新景观法、波士顿矩阵法、品牌定位图法、定标分析法与实地调研法，来开展创新愿景、产品格局、竞争品牌、竞争产品与技术研究中的创新方法应用。

7.1 创新愿景研究方法的应用

使用创新景观研究法来评估企业内部的创新形势，从创新能力较弱的模块中寻找并确立可能的创新愿景。由家具行业的业内人士、学者与企业内部人员，共同从盈利模式、网络、结构、过程、产品表现、产品系统、服务、渠道、品牌与用户参与这十个创新模块，对"S"进行企业整体创新活跃度的分析。创新层级分为五种：行动力匮乏、轻度活跃、中度活跃、活跃频繁与极度活跃。创新景观中各模块创新活跃度的评判，采用基于数据与资料的理性评估，通过多人评级的平均值确定每一项创新因子的高低，再根据各模块的等级结果绘制创新景观图。

通过创新景观研究发现（图7-1），"S"企业在过程、产品系统与品牌塑造方面创新力相当活跃，而在盈利模式、产品表现与用户参与方面创新度较弱，活跃度不高。因此，这三个创新能力的薄弱环节可视为企业创新愿景的发展方向，即拓展盈利模式多元化、提升产品表现力、增强用户参与度和用户黏度。

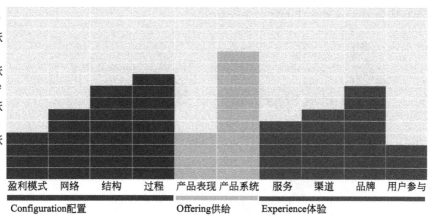

图 7-1 "S"企业创新景观图

7.2 产品格局研究方法的应用

在产品格局研究中使用波士顿矩阵法。其中市场引力的统计,即各品牌中各家具品类的销售增长率相对较为容易。但由于儿童家具市场还不够规范,没有专门的机构去统计具体数据,各品牌产品的企业实力即市场占有率很难计算。故在波士顿矩阵中,将市场占有率更换为企业中各产品品类的销售额占该企业总销售额的比例。这样可以更好地划分本企业的产品结构与企业资源,明确企业开展创新设计的最优产品类型。

通过与"S"企业的销售部门的沟通,获得相应数据。该企业某年的产品格局如下,如图 7-2 所示。

(1)明星产品

销售增长率和销售份额"双高"的产品群为 X1 系列及 X2 系列的双层床和单层床。X1 系列单层床与双层床销售量较前一年均增长 40% 以上;X2 系列的单层床比去年增长 200%,双层床增长 86%。这两个系列综合的销售份额分别为双层床 20.15% 和单层床 23.21%,这些明星类产品将会成为未来企业的现金牛产品。

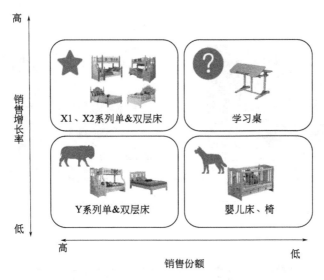

图 7-2 "S"企业的产品格局

（2）现金牛产品

销售增长率低、销售份额高的产品群为 Y 系列儿童床。由于明星类产品近两年的推出，导致 Y 系列儿童床的销售增长率较前一年不升反降，该系列儿童双层床增长率为负值，单层床为 3%，但该系列总销售额仍占有公司当年总销售额的半壁江山。该系列儿童床作为企业最早开发的产品系列已经处于成熟市场，在市场中销售超过 10 年，发展已经稳定，属于该企业的厚利润产品。

（3）问题产品

销售增长率高、销售份额低的产品群为学习桌。销售增长率为 53%，销售份额为 15.9%。由于学习桌在产品生命周期中是处于导入期的新产品，故归为问题类产品，但后期势头不容小觑。

（4）瘦狗产品

销售增长率和销售份额"双低"的产品群为婴儿床与椅。婴儿床增长率为 -98%，婴儿椅为 -84%，销售份额仅为 0.04%。为了满足小空间置物并提高家具的使用率,婴儿床和婴儿椅等婴幼儿产品逐步被儿童床代替。很多家庭已不再购买单独的婴儿床,以降低消费支出,导致婴儿类产品的销售增长率大幅下降、利润率低、处于保本或亏损状态。这类产品应采用撤退战略,减少批量,逐渐撤退。

由此可见,该品牌的盈利产品即明星类产品,为 X1 系列和 X2 系列的儿童床。其销售增长率与销售份额都占据"双高"位置,故以此类产品作为该企业创新设计的产品类型最为合适,发展前景最大,市场竞争力最强。

7.3 竞争品牌研究方法的应用

7.3.1 定位图法的实施

(1) 研究样本与定位指标的确立

竞争品牌的研究采用定位图法,其中的品牌样本通过网络调研和业内人士访谈的形式选定,从国内外知名儿童家具品牌中选取 11 个在中国市场销售的主流品牌,包括国外品牌 4 个、国内品牌 7 个,分别以如"A、B、C"等代替各品牌(其中 C、D、E、I 为国外品牌,其余均为国内品牌)。

拟设定高价位、低价位、功能、情感、传统、创新这六个指标作为品牌设计定位指标,将这六个指标分成高价位与低价位、功能与情感、传统与创新三组。采用 5 级评分法,对 11 个儿童家具品牌进行打分,满分为 5 分。打分采用互相排斥法,同一组的两个指标,若其中一个指标得分,则另一个指标不得分,即分值为 0。为避免因对行业不了解而导致打分失误,从创新团队中选取业内人员与对该行业较为了解的专家学者共 5 人,对 11 个儿童家具品牌的设计定位指标进行打分。

（2）评分结果与竞争品牌设计定位图的绘制

所有品牌设计定位指标的评分结果如表 7-1 所示，并根据得分绘制现有竞争品牌设计定位图。定位图将传统与创新、功能与情感设定为横坐标，高价位与低价位为纵坐标。为了使结果更加直观，将定位图分为图 7-3（a）与图 7-3（b），图 7-3（a）的 X 轴为传统与创新，Y 轴为高价位与低价位；图 7-3（b）图的 X 轴为功能与情感，Y 轴为高价位与低价位。X 轴、Y 轴分别设为 10 个等级，最趋向高价位、情感、创新分别为 5 分，最趋向低价位、功能、传统分别为 -5 分。

按定位图坐标轴的建立规则，将表 7-1 中各品牌设计定位指标得分绘制成现有竞争品牌设计定位图，如图 7-3 所示。从评分结果可见，"S"品牌在价位、功能与传统指标上得分中等，在情感与创新指标均无得分。故在品牌设计定位图中，"S"品牌占据图 7-3（a）、图 7-3（b）的左上角即"传统—高价位""功能—高价位"象限，偏向于功能性、传统性、中高价位。

表 7-1　各儿童家具品牌设计定位指标得分

品牌	设计定位指标					
	高价位	低价位	功能	情感	传统	创新
A	4.8	0.0	4.4	0.0	4.6	0.0
B	4.2	0.0	4.8	0.0	5.0	0.0
C	4.4	0.0	0.0	3.6	0.0	3.4
"S"	3.4	0.0	3.8	0.0	2.6	0.0
D	3.2	0.0	0.0	2.0	2.8	0.0
E	3.6	0.0	0.0	4.4	0.0	4.2
F	3.0	0.0	4.0	0.0	4.0	0.0
G	0.0	1.2	4.0	0.0	4.0	0.0
H	0.0	1.2	4.4	0.0	4.2	0.0
I	0.0	1.8	0.0	3.8	2.6	0.0
J	3.2	0.0	0.0	3.6	0.0	4.2

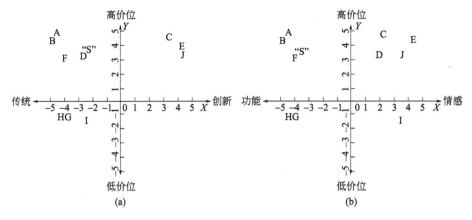

图 7-3 各品牌设计定位图

7.3.2 品牌设计定位的确立

7个国内品牌在功能、情感与传统、创新的占位中均处于功能性与传统性极强的位置。可见,国内的儿童家具设计大多聚焦于家具的基础使用功能,忽略了家具与儿童之间的互动关系,在情感与创新的表现力上尤其欠缺。而国外4个品牌的产品情感表达均较强,除品牌I外,国外品牌的创新力均强于国内品牌,它们普遍高价位,究其原因是在满足基本功能的基础上,提高了产品的特殊价值,而这种特殊价值囊括用户情感与体验,更关注用户生活方式与生活形态。在当今这个文明高度发展的时代,情感与体验是用户最为关注的焦点,用户更愿意为此而买单。

通过对各竞争品牌设计定位差异的对比分析,综合企业"拓展盈利模式的多元化、提升产品表现力与增强用户参与度"的创新愿景,将"S"企业的新品牌设计定位为(图7-4):在X轴上着力于情感与创新的提升,即通过设计创新提升产品的表现力与用户的情感体验;在Y轴上略低于除品牌I外的国外品牌及该品牌原有价格,以更为合适的价格吸引用户，可通过品牌中其他附属模块或服务来拓展更多的收益机会。

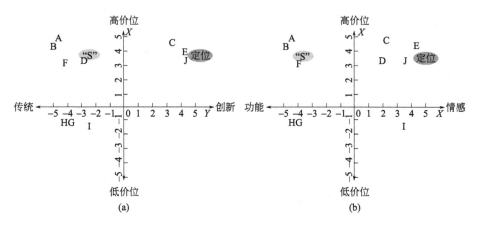

图 7-4 "S"企业新品牌设计定位图

7.4 竞争产品研究方法的应用

7.4.1 定标分析法的实施

（1）研究样本与评估指标的设定

竞争产品研究采用定标分析法，因为儿童家具竞争产品的分析不仅限于类型上的比较，更注重家具所具备的多重性能。竞争产品研究与竞争品牌研究中选取的品牌样本保持一致，共 11 个。产品样本的选择方面，选择"S"企业产品格局中的明星类产品儿童床为样本。对儿童家具行业来说，这类产品也是市场中最受欢迎、可比性最强、最具代表性的产品，故选取这 11 个品牌的儿童床进行定标分析。

将家具性能评估指标设定为价格、安全性、设计感、空间利用性、可独立操作性、可变性、游戏趣味性、益智互动性和情感表达性 9 个指标。使用 5 级评分法进行打分，分值最少为 1 分，最高为 5 分。除价格越高得分越低外，其余指标皆性能越高，得分越高。

（2）竞争产品研究的实施与结果

首先，由在竞争品牌研究中参与打分的同一批人群对各产品打分，表7-2是对11家品牌代表性产品的评估结果。继而根据打分结果分别绘制各品牌产品的雷达图。图7-5是"S"品牌的代表性产品雷达图，从图中可看出其产品的显著优势为价格适中、安全性强、可独立操作性强与空间利用率高；产品劣势表现为设计感弱、可变性差，情感表达性、游戏趣味性与益智互动性均不强。

表 7-2　竞争产品评估指标得分

品牌	竞争产品评估指标								
	价格	安全性	设计感	空间利用性	可独立操作性	可变性	游戏趣味性	益智互动性	情感表达性
A	1.5	3.5	2.0	3.5	4.0	1.0	1.5	1.5	1.0
B	2.0	4.8	2.3	4.5	4.5	1.5	2.0	1.0	2.0
C	0.8	3.5	3.8	2.8	3.5	3.0	1.0	1.0	0.5
"S"	4.0	4.5	1.5	4.5	4.5	1.5	2.0	1.5	1.0
D	3.0	2.8	3.3	4.3	3.5	4.2	2.0	1.0	1.8
E	1.0	1.0	4.0	1.0	2.5	3.5	4.2	2.0	3.0
F	4.5	3.5	1.5	3.5	4.0	4.0	1.0	1.5	1.0
G	4.0	4.0	2.0	4.0	4.0	1.0	1.5	1.0	1.0
H	2.0	2.5	3.0	3.0	4.0	3.0	1.0	3.0	1.0
I	5.0	4.0	2.5	4.5	4.0	3.0	2.0	1.0	1.0
J	2.5	1.0	3.5	1.5	3.5	1.0	4.0	2.5	3.0

7.4.2　产品设计定位的确立

将11个品牌的产品定标分析图整合起来形成竞争产品雷达图，使得每个品牌的优点和缺点更加直观，更容易发现市场空白与创新机会点，如图7-6所示。可以明显看出，国外儿童家具产品的设计感普遍优于国内，它们更注重产品的情感表达和游戏趣味性。国内儿童家具产品普遍在设计感、益智互动性、可变性和情感表达性上较为欠缺，且设计风格相似，这也恰巧是"S"品牌的设计短板。因此设计感、益智互动性、可变性和情感表达性上的不足，便可以视为"S"企业的产品创新设计定位所在。

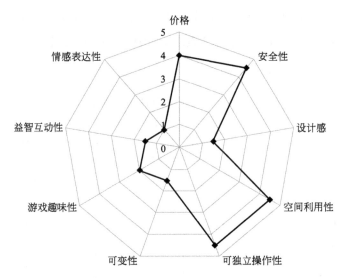

图 7-5　"S"品牌代表性产品雷达图

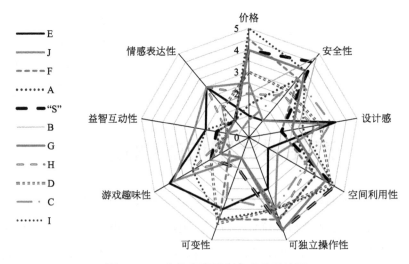

图 7-6　11 个儿童家具竞争产品雷达图

7.5 技术研究方法的应用

对家具这类传统制造企业来说，技术研究主要针对企业的生产流程、机器设备和工艺技术展开，方法一般采用实地走访，以下车间观察与和生产部门员工进行访谈为主。

以"S"企业为例，通过工厂走访了解到，企业生产设备较为齐全，生产能力与工艺也相当成熟，对于完成木材或板木结合的家具制作难度不大。现有设备主要为木材烘干、机加精切、机加成型、机加钻孔、抛光打磨、料检、油漆喷台、包装线等类型，具体为仿形机、CNC 数控雕刻机、钻孔一体机、单面和双面组装机、平面砂光机、双头抛光机、直线和异形砂光机等。由于技术的限制、人才的缺失、设计成本增加以及市场接受度不高的因素，家具中使用高科技、智能化技术的设想暂时无法实现，故在后期的设计输出阶段，暂不考虑智能化的设计方案，但可以作为未来的设计发展趋势来思考。

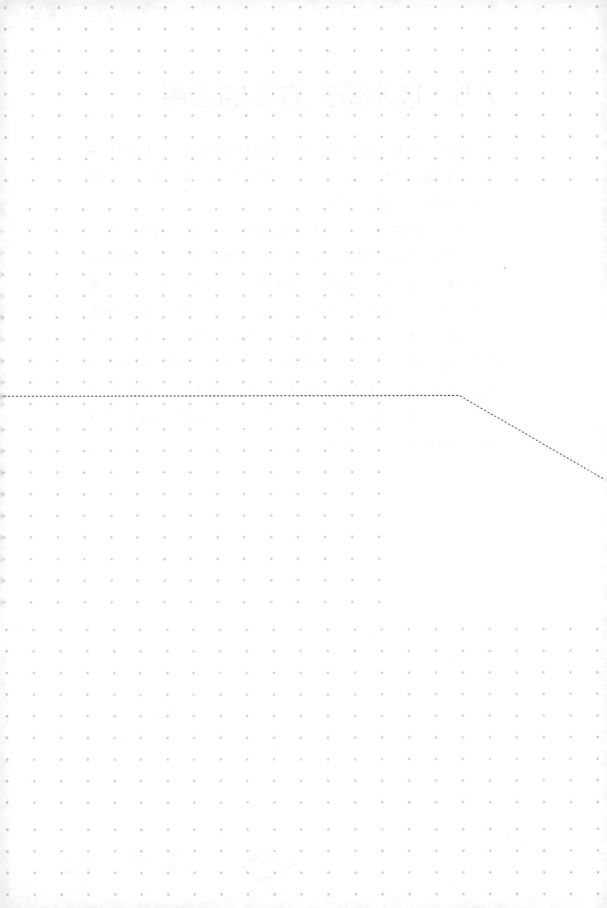

第 8 章
设计分析的创新方法应用

8.1 用户显性需求获取方法的应用
8.2 用户隐性需求获取方法的应用
8.3 用户综合需求获取方法的应用
8.4 需求要素向设计要素转化方法的应用
8.5 设计价值提取方法的应用
8.6 潮流趋势捕捉方法的应用

在设计分析阶段，主要选取问卷调研法、行为研究法、五层次综合需求法、思维导图法、蓝色天空研究法与跨文化分析方法，来开展用户显性需求、隐性需求、综合需求获取及需求要素向设计要素转化、设计价值提取、潮流趋势捕捉的创新方法应用研究。

8.1 用户显性需求获取方法的应用

8.1.1 问卷调研法的实施

（1）问卷设计与调研实施

使用问卷调研法进行用户显性需求的分析，在儿童家具用户需求调查问卷的设计上，应以企业的设计战略定位为导向。调查问卷的具体题型涉及是非型、选项型、排序型、等级型、视图型五种，在本章中主要以后四种题型为例进行说明。为保证用户的答题体验，题目数量最好控制在20个以内，问卷通过网络平台方式进行发放。

（2）不同题型问卷的调研结果呈现

① 选项型问题，以用户购买儿童家具的时机调研为例。

图8-1是调研家庭购买儿童家具时机的结果。在孩子出生前后购买儿童家具的家庭占比38.86%；在孩子幼儿园时，即在学龄前期时购买儿童家具的用户占比36.24%；12.23%的用户会在孩子中小学时期即学龄期购买儿童家具；8.30%的用户在结婚时就已购买儿童家具；还有4.37%的被调研用户从未购买儿童家具。据调研数据显示，总数超75%的用户会在子女婴幼儿及学龄前期购买儿童家具，是市场消费的主力人群。

② 排序型问题，要求被调研者按重要程度对提供的选项进行排序，以用户消费行为调研为例。

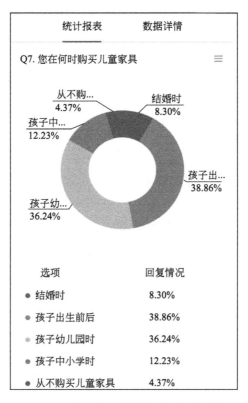

图 8-1　购买儿童家具的时机问卷图例

图 8-2 是家庭中儿童产品消费分配情况调研结果。被调研家庭对孩子教育方面的投资最多，位列第一，其次是饮食方面，再次是娱乐方面、儿童生活用具（家具、玩具、用品）与居住环境方面。

③ 等级型问题，使用李克特五级量表进行调查，可用于用户对产品的认可态度调查。

图 8-3 是儿童家具性能对消费影响的调研结果。调研结果显示，安全性因素的影响最大，其他依次为：易清洁性、可独立操作性、美观性、益智性、趣味性、可移动性、互动社交性、适龄性、可变换形态或颜色。可见，大部分用户十分重视儿童家具安全性、易清洁性、儿童的可独立操作性。影响因子最小的两项因素为适龄性、可变换形态或颜色，一些用户认为这两项几乎不影响消费决策。

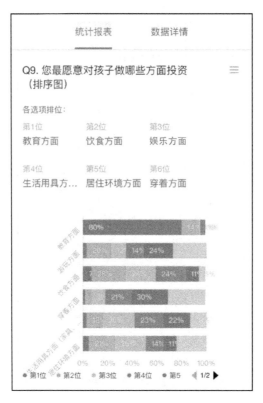

图 8-2 儿童产品消费分配情况问卷图例

④ 视图型问卷调查，以用户对设计偏好需求的调研为例。

在儿童家具色彩与类型上应以儿童用户的喜好作为参考标准，图像的呈现形式可便于儿童理解与选择。图 8-4 是儿童家具类别偏好调研结果。问卷将儿童家具类型分为四个大的方向：a. 趣味游戏类，以模块化、游戏化家具为代表；b. 基本功能类，指满足基本功能的家具分类；c. 情感情景类，家具用以辅助儿童发泄内心情绪、营造个人空间情景，以帐篷类家具为代表；d. 益智互动类，以可变性强的家具为主，辅助锻炼儿童对结构的思考、色彩的搭配、形状的组合等能力，以自由组合的家具形式为代表。调研结果显示，益智互动类家具最受儿童欢迎，基本功能类次之，趣味游戏类排名第三，最后是情感情景类。

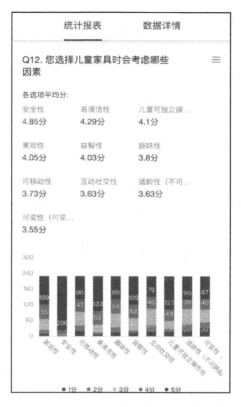

图 8-3 儿童家具性能消费影响问卷图例

8.1.2 用户显性需求的导出

在问卷调研后，将所有问题的研究结果进行总结，归纳出用户的显性需求并建立显性需求模型，如图 8-5 所示，具体如下：

① 儿童家具消费的主力市场是婴幼儿与学龄前儿童及其家庭；

② 家长最愿意为儿童进行教育投资，其次是饮食、居住环境、生活用具、娱乐方面，最后是穿着方面；

③ 影响儿童家具消费的决定性因素中产品质量最为重要，价格与造型对于消费的影响最弱。由此可见，在家具质量保证和产品舒适的基础上，儿童的喜好与产品功能的多样化已逐步取代价格，成为用户选购

家具的决定性因素；

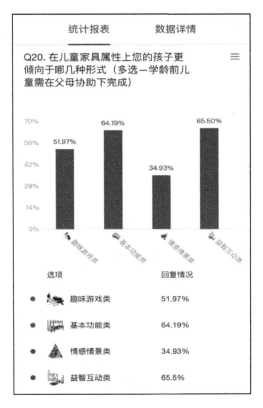

图 8-4　儿童家具类别偏好问卷图例

④ 用户已拥有产品中休息类、学习类与储存类家具较多，游戏类和互动社交类家具较少；

⑤ 在产品性能影响因子中，排名前五的为安全性、易清洁性、可独立操作性、美观性与益智性；

⑥ 产品使用中存在最严重的问题是空间占用过多，其次是家具功能单一、设计感不强与家具可变性差；

⑦ 儿童用户在色彩上更偏好暖色调、色彩柔和的儿童家具与生活空间；

⑧ 儿童用户除了基础功能类以外，更倾向于选择益智性、趣味性更强的家具类别；

⑨ 出于对安全性因素的考虑，用户更偏好实木材质的家具用材。

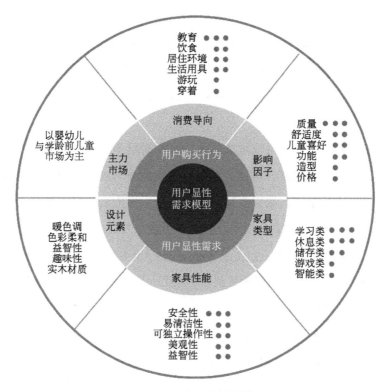

图 8-5　用户显性需求模型

8.2　用户隐性需求获取方法的应用

8.2.1　行为研究法的实施

（1）行为研究的对象

招募 7 户学龄前儿童用户，其中 3 名男孩，4 名女孩，年龄为 4 名 4 岁儿童，1 名 5 岁儿童，2 名 6 岁儿童。行为研究是定性研究，本研究试图通过该方法来发现用户家具使用行为中 90% 以上的普遍性问题。

代入式（4-1），结果为：

$$N[1-(1-L)^n] = N[1-(1-0.31)^7] = 0.9255N,$$

假设潜在问题数量为100，那么有7户被调查用户参与调查就可以发现92.55个问题，即本次入户调查的结果可以反映用户居家行为中近93%的家具使用问题，其调查结果具有普遍性。

（2）行为研究的流程

按照PEOMTS-P用户观察框架，分别对这7户家庭展开用户行为研究，包括用户观察与访谈。在用户的同意下对被调查家庭的活动场景、用品进行拍摄。数据收集结束后，在一周内进行资料整理与归纳分析，并针对这7户调研对象分别建立用户行为信息记录卡。将用户编码，从UN01即用户01号（User Number 01）至UN07即用户07号（User Number 07），一是为了保护被调研者隐私，二是为了使得用户资料的整理更加简洁且直观。

（3）行为研究结果记录

① 行为观察结果记录　以UN03为例，按照PEOMTS-P框架将调研资料整理如下：

P（people）用户信息

UN03，女孩5岁，幼儿园中班。家庭结构为父母以及2岁妹妹的四口之家，父母均为大学本科学历，父亲在部队工作，母亲为自由职业者，家庭年收入8万～12万，居住面积140m²，居室为三室两厅，有10m²的儿童房。

E（environments）居家空间中与使用家具相关的居家活动空间

儿童房、卫生间、餐厅、父母卧室、客厅。

O（objects）相关家具/物品

相关家具为儿童床、衣柜、玩具柜、书架、儿童椅、儿童可调节餐桌椅、儿童沙发、童车、迷你儿童游戏厨房，家具与居室空间一一对应。

空间1：儿童房；相关使用家具：儿童床；

……

空间5：客厅；相关使用家具/物品：儿童沙发、童车、玩具柜、迷你儿童游戏厨房。

M（message）活动行为与信息中，儿童在家中各空间的居家行为

空间1：儿童房；行为：睡觉、学习、玩耍；

……

空间5：客厅；行为：玩耍，与妹妹互动。

T（time）儿童各空间中对应活动的时长分配与梳理

时间：7点40分至8点；居家行为：起床、穿衣；空间：儿童房；时长：约0.3h；

……

时间：19点30分至20点30分；居家行为：与妹妹互动玩耍；空间：客厅；时长：1h。

S（service）产品所提供的服务与系统

儿童床提供学习、休息功能和娱乐功能；衣柜提供收纳功能；玩具柜提供收纳和娱乐功能；书架提供收纳和学习功能；迷你儿童游戏厨房与儿童沙发提供娱乐和交往功能，用户与妹妹通过使用它们进行交往互动。

P（pain point）用户痛点

a. 储物空间不够，旧玩具、儿童小椅子和童车都堆放在角落；

b. 喜欢在带滑梯的儿童床上玩耍，觉得其他家具的玩乐功能太少；

c. 衣柜在父母房间且衣柜较高，需要在家长的帮助下完成拿取行为，不能独立使用家具。

② 用户访谈记录

a. 以针对储物柜（衣柜/玩具柜）使用情况的访谈为例

问题1：在您的家庭中，储物柜的日常用途有哪些？使用频率如何？

回答1：每天都会使用，主要存放衣服、孩子玩具，还有一些杂物、

零碎的小东西。

问题 2. 使用中遇到过哪些问题？或您正在试着解决什么问题？

回答 2：首先，衣柜没有明确的分类空间。其次，孩子和我们共用一个衣柜，希望给她配一个专属于自己的儿童衣柜，高度适合她，方便自己拿取衣物。玩具柜主要放零碎的小玩具，但是很多大型玩具、小椅子、童车等都堆在客厅角落，无法有效储存。

b. 以针对父母教育观念与生活态度以及儿童喜好方面的访谈为例

问题 1：您在选购儿童产品时会尊重孩子的意见，根据他们的喜好进行决策吗？

回答 1：会，只要是儿童的产品，买之前都会征求意见。希望她能独立表达自己的想法，我们都会鼓励她、尊重她，这样可以树立孩子的自信。

问题 2：孩子的性格是什么样的？他们的喜好有哪些？

回答 2：比较喜欢表现自己，喜欢参加幼儿园小舞台剧等演出活动和玩"过家家"游戏，多交朋友。喜欢紫色和粉色的玩具。喜欢自己选择衣服，有自己的审美。

③ 建立用户行为信息记录卡 在收集行为信息后，为每位用户建立行为信息记录卡，均包含以下四部分内容：

a. 用户基本信息：年龄、性别、家庭结构、居住地、居住面积、儿童房面积；

b. 调研图像：真实居家场景和日常使用家具的视觉图片类信息；

c. 调研内容：包括调研日期、次数、时长、人数与具体调研安排；

d. PEOMTS-P 框架中各项研究内容的详细信息：用户、居家空间、各空间中的相关家具、活动行为、活动时长、家具提供的对应服务以及用户痛点。以 UN03 为例，建立的用户行为信息记录卡如图 8-6 所示。

图 8-6 用户行为信息记录卡

(4) 行为研究结果分析

① 主要活动空间、常用家具与功能　通过对儿童在各空间时长的研究挖掘儿童的主要活动空间，而儿童在主要活动空间中所使用的家具，其使用频率也相对较高，也就是儿童常用家具，这些常用家具提供不同的功能以响应用户的需求。对 7 位被调研用户的观察结果进行统计，最终总结出用户行为的聚焦结果，如图 8-7 所示。

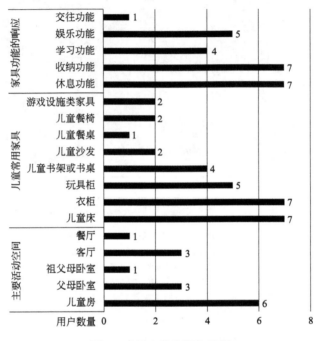

图 8-7　用户行为聚焦结果

② 用户共性痛点　根据调研结果将所有被调研用户的痛点进行统计，筛选出儿童在主要活动空间中使用常用家具时所遇到的问题，并用简短的规范化语言归纳出以下 7 个用户痛点：

a.玩具、杂物与衣物的收纳；b.家具占用空间过多；c.儿童无法独立使用家具；d.旧家具的堆放和处理；e.用户没有专属的儿童家具；f.家具缺少娱乐功能；g.家具外观与结构的可变性差。

随后，将所有 7 名被调研用户的痛点进行聚类分析，将调研结果进行排序并创建交互矩阵,如图8-8所示。矩阵两端为用户最为集中的痛点所在,从外向内直到矩阵中心,痛点共性逐步减弱。根据调研结果可见,痛点a、b、f、g得分最高,则这四点可视为用户的共性痛点。其中,有5名用户共有痛点a;4名用户共有痛点g;3名用户共有痛点b与痛点f。而痛点c、d、e得分相对较低,只有1或2名用户遇到此类问题,可视为用户个性痛点,不具有普遍性和代表性。

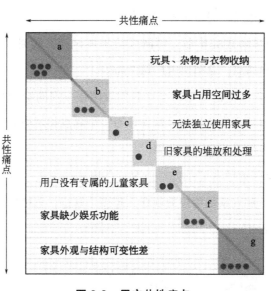

图8-8 用户共性痛点

③ 家长教育观念和生活态度　被调研7户家庭家长的受教育程度不同,但他们的教育观念都具有共性,即普遍都愿意在孩子的教育上进行投资,这也是当今社会教育发展的趋势。在生活态度上,他们都有意识地培养孩子的独立性,在做某些决定时会征求孩子的喜好和意见。特别是在做购买决策时,价格因素已不再是影响决策的绝对因素,家长更注重孩子的喜好以及产品所具备的价值与意义。

④ 家长用户期待方面　一类家长用户希望能够有可以让孩子锻炼动手能力的家具,如DIY形式;一类家长用户期待儿童房装饰环境可以与家具成套系出现,营造更和谐的氛围;一类家长用户希望可以根据用户喜好与需要进行家具的定制。

8.2.2 用户隐性需求的导出

（1）用户隐性需求的导出过程

组织由企业设计研发、市场营销、品牌策划部门相组成的创新团队进行小组讨论，分为 A、B、C、D 四个小组。

① 各小组对总结出的用户痛点进行讨论和分析，每人针对每个痛点进行单独思考后，向组员陈述个人观点。

② 各组员陈述完毕后，团队成员集体讨论，最终确定本组观点。每组针对用户痛点，总结出用户隐性需求。

③ 进行分组阐述，每组派一名代表阐述本组的结论与观点后，所有成员对各组结论进行投票，每人针对每个痛点相对应的隐性需求只能投一票，最终按得票率决定结果。

④ 由流程指导者记录得票情况，选出最佳观点。再对投票结果进行二次创新，融入家长用户的观念、态度、期待，总结出最终的用户隐性需求（图 8-9）。

图 8-9　隐性需求导出过程

（2）用户隐性需求导出结果

① 在家具空间和层次上，将娱乐、学习、休息、收纳空间整合起来，以缩小房间空间占有率。

② 储物功能增强，收纳空间细化，能引导儿童养成良好收纳习惯。

③ 除基础功能外，提高家具产品的附加值，特别是增加家具的游戏与玩耍功能，更多地融入情感化与趣味性。

④ 家具的尺寸、结构、造型和色彩上的可变性应加强。

根据隐性需求搭建用户隐性需求模型，如图 8-10 所示。

图 8-10　用户隐性需求模型

8.3　用户综合需求获取方法的应用

按马斯洛理论的五个需求层次，将用户的显隐性需求整合成儿童家具设计五层次综合需求模型，如图8-11所示。

（1）生理需求

满足最低需求层次，用户只要求产品具有一般功能即可。在儿童家具设计用户需求中，与生理需求相对应的是家具的实用性，指是否能够满足基本生活起居活动的需求，比如功能的充分发挥和家具空间的整合。根据用户调研结果提取的需求关键词为实用性、舒适性、易清洁性与可独立操作性，它同时满足家长与儿童的需求。

（2）安全需求

满足对"安全"有要求的用户，用户主要关注产品对身体的影响。在儿童家具设计用户需求中，与安全需求相对应的是家具的安全性，其中以家具质量安全为主，提取的需求关键词为用材用漆、色彩和结构安全，它大部分来自家长的需求意愿。

（3）情感需求

满足对"情感"有要求的用户，用户关注产品是否在用户情感的表达上有所表现。儿童家具设计用户需求中，与情感需求相对应的是家具尺寸、结构、造型和色彩上的可变性，用户可根据喜好将家具进行解构、组合，更换部件或色彩。其次，是人与家具互动时所传达的情感需求，其中包括家具是否能够提供儿童与同伴、与家长情感互动的功能。提取的需求关键词为美观性、可变性、交互性与情感表达性，这大多来自儿童用户的需求意愿。

（4）尊重需求

满足对"自我尊重"有要求的用户，用户关注产品中自主选择的权利是否被尊重。在儿童家具设计用户需求中，与尊重需求相对应的首先是根据儿童喜好进行家具购买的消费需求，有助于培养儿童的独立性和建立自信。其次是尊重儿童的权利，让他们拥有更多的独立空间进行各项活动。在显性需求调研中也发现，超过一半的被调研用户认为家具使用中最大的问题是空间占用。如何缩小家具的空间占有率，还给儿童独立的生活空间是对他们的尊重，它属于儿童用户的需求意愿。

（5）自我实现需求

满足对"自我实现"有要求的用户，用户关注产品是否提供可以自我发挥、自我成就的功能和机会。儿童的自我实现需求表现在思维、智力、认知、想象力与创新能力的发展，以及独立地养成某些良好习惯或获得某些技能。在儿童家具设计用户需求中，与自我实现需求相对应的需求关键词为趣味性、游戏性和益智互动性。自我实现需求层面，大部分源自于儿童用户的需求意愿，少部分源自于家长的需求意愿。

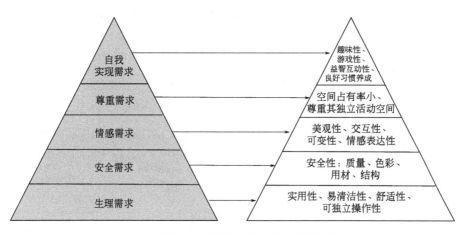

图 8-11　用户五层次综合需求模型

8.4　需求要素向设计要素转化方法的应用

8.4.1　思维导图的实施

将由企业设计研发、市场营销、品牌策划部门组成的创新团队成员分为 A 组、B 组、C 组和 D 组四个小组。每组至少保证有一名家具外观设计师、家具结构设计师、儿童房设计师、软装设计师、产品陈列布局师与一名市场营销或品牌策划人员，以确保所考虑内容的全面性。

以用户需求的转化为主，在儿童家具设计中生理需求与安全需求都是实现其他需求的基石，设计条件都必须建立在这两个需求层次之上。故在儿童家具设计条件转化的思维导图绘制中，除五层次需求模型中的生理需求与安全需求以外，每个小组需针对情感需求层、尊重需求层和自我实现需求层的需求要素分别展开。在这之中，某些需求的设计要素是相互重合的，有些有其独有的需求响应元素，后期需要将这四个小组的思维导图（如图8-12所示）进行重构梳理与归纳总结，整个流程用时20min。

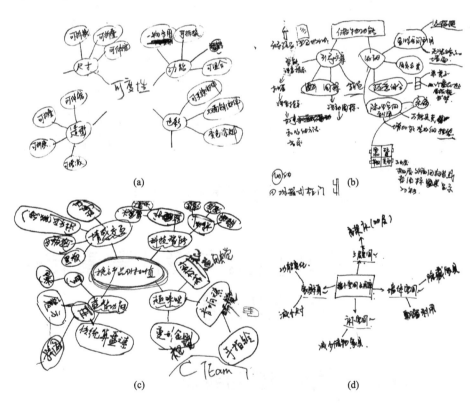

图 8-12 设计响应转化中的思维导图过程

思维导图的实施中，A组选择用户情感需求层，需求关键词为美观性、可变性、情感表达性。B组选择用户自我实现需求层,需求关键词为引导良好习惯。C组也选择用户自我实现需求层,但需求关键词为游戏性、趣味性和益智互动性。D组选择用户尊重需求层,需求关键词为空间占有率小,尊重用户的独立活动空间。首先由需求关键词导出响应需求的设计条件,再根据设计条件导出概念设计要素,为后期的具体概念设计提供有效的指导,具体结果见表8-1。

表8-1 儿童家具设计要素

序号	需求关键词	设计响应条件	与设计概念相关的要素
1	实用性	基本功能的保障	3~6岁适龄性;基本功能的强化
2	安全性	结构、色彩、材料安全	框架结构、无尖锐棱角;低龄儿童床体有护栏;非金属、非玻璃
3	舒适性	尺寸舒适;色彩舒适	适合3~6岁儿童的尺寸;色彩柔和
4	易清洁性	防污材质	造型简洁、少雕刻、易清洁的板材
5	美观性	设计感;情感化	造型去复杂化;充满童趣
6	可变性	尺寸可变;色彩可变;造型可变;功能可变	可折叠或伸缩结构;可更换色彩的部件;模块化结构;一物多用
7	空间占有率小	可组合、可移动	隐藏、折叠、悬挂、合并;脚轮、滑道
8	可独立操作性	可控制性	遥控器可控制的智能设施
9	情感表达性	提供可抒发感情的设计	根据喜好更换家具模式;情感化装饰
10	引导良好习惯	储物分类明确、引导儿童行为	图标指引或语音指引
11	趣味性	触觉、视觉、听觉趣味	仿生化造型/装饰;智能语音
12	游戏性	游戏功能与区域	家具部件作为游戏部件或设施
13	益智互动性	DIY、启蒙性、可互动	拼装、涂鸦、益智活动、积木等

8.4.2 设计要素的转化

用户需求分析中发现使用频率最高的是床和柜类家具,其使用过程中存在的问题也最多,同时也是用户需求集中响应的家具类型。故根据以上整理的设计要素,分别针对这两类家具进行具体的设计要素转化,见表8-2与表8-3。

表8-2 儿童床家具设计要素

设计要素	儿童床设计要素的提取与总结
结构要素	框架结构、低龄儿童床体有护栏、床板部件可拆卸
造型要素	造型多变、充满童趣、可变性强
尺寸要素	长1800~2000mm,床头尾除外床高不超过400mm,可折叠/伸缩
功能要素	睡眠功能为主,娱乐、学习、储物为辅
材料要素	木质、布艺或织物软包
色彩要素	色彩柔和,不同性别使用差异化色彩
情感要素	游戏性、益智互动性、情感表达元素

表8-3 儿童柜类家具设计要素

设计要素	儿童柜类设计要素的提取与总结
结构要素	框架结构、模块化、抽屉、隔板可拆卸、可组合、有脚轮或滑道、方便移动
造型要素	造型简洁、充满童趣、可变性强
尺寸要素	衣柜高不超过2000mm,宽不超过1500mm
功能要素	衣物存放、玩具收纳、书籍摆放为主,其他功能为辅
材料要素	木、板木结合的易清洁材质
色彩要素	色彩柔和,不同性别使用差异化色彩
情感要素	引导儿童习惯的养成,游戏性元素

8.5 设计价值提取方法的应用

(1)蓝色天空研究法的实施领域

在我国原有的儿童家具设计活动中,设计师的设计灵感多来源于热门的儿童家具设计作品，着重聚焦于家具设计领域，而忽视了设计的缩放属性。应在聚焦于家具设计领域素材的同时，将儿童产品进行分类研究，利用蓝色天空研究法提炼出各领域的设计价值后，进一步凝练并建立设计价值提取信息卡，如图8-13所示，以便于指导后期的设计方案输出。儿童家具设计价值具体可从以下五个细分领域进行提取：①儿童家具设计领域；②儿童玩具与游戏设计领域；③儿童用具设计领域；④儿童游乐设施设计领域；⑤儿童医疗设备设计领域。

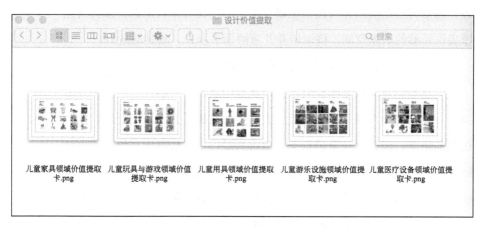

图8-13　设计价值提取信息卡

（2）儿童家具领域设计价值提取

首先从儿童家具领域进行设计价值的提取，通过蓝色天空研究法，将儿童家具从材质、色彩、表面装饰、结构、表现手法及形式等方面进行分类整理。

① 主流儿童家具材料为木质、柳编、塑料、高密度泡沫、毛毡、胶合板、纸质与布艺。

② 儿童家具色彩与表面装饰的主流设计元素为原木色、拼色、透明色、艳丽多彩、高灰度纯色、白色、涂鸦以及柔和多彩的配色。

③ 儿童家具表现形式分为基础功能性、仿生化、场景化、游戏性与交互性等。其中基础功能性表现形式是指家具以基础功能为主，形式

较为单一；仿生化形式在满足基础实用功能需求的同时，从自然界提取仿生元素，并将其应用于家具设计中，相对于传统的设计形式来说，这种形式更能引起孩子的好奇心；场景化形式通过家具造型进行环境营造，给儿童带来一种情景体验，可根据儿童喜好来选择，以满足他们在现实中无法实现的心愿和获得无法拥有的物品，如汽车、热气球、飞机等；游戏性与交互性表现形式有所交叉，游戏性更注重家具的趣味性与娱乐性，而交互性更注重家具的益智性与多变性。以模块化家具为代表，儿童可任意变换和自由搭配家具摆放的位置与家具形态，家具为儿童提供足够的娱乐空间，同时培养儿童的动手能力，激发创造力。

（3）儿童玩具与游戏领域设计价值提取

儿童玩具与游戏是除家具以外陪伴他们成长时间最长、互动频率最高的。它们的作用在于以娱乐的方式陪伴儿童成长并为儿童创造学习与成长的机会。娱乐是儿童进行无意识行为过程中了解事物和培养能力的特殊手段，他们从娱乐中得到锻炼，获得更多的经验。但儿童的注意力容易分散，因此要让儿童在产品中找到乐趣，这不但要求产品外观要有足够的吸引力，更要求产品有一定的传递性、发挥性等功能。

儿童玩具与游戏的价值元素可分为五类：卡通类、拼接装配类、技能培养类、运动类与角色扮演类，他们从不同层次刺激儿童的感觉体验与角色体验。

① 卡通类以毛绒动物玩具为主，承担儿童产品中最基本的情感关怀作用，适合幼龄儿童。

② 拼接装配类玩具包括组装类玩具形式，以零件装配为主，以乐高（LEGO）为代表。

③ 技能培养类以积木、算盘、手工艺等技能养成为主，例如玩具品牌 ALEX 为锻炼儿童双手精细动作所研发的陶艺玩具"Dexul Pottery Wheel"，孩子可以通过陶艺转轮玩具制造不同形状的陶器，同时使用配套的塑料雕刻刀、装饰贴片以及颜料进行富有创造力的装饰，制作出属

于自己的陶艺作品。它除了可以开发孩子的创造力与艺术思维以外，更可以在孩子操作的过程中，锻炼他们双手与视觉的协调能力。

④ 运动类玩具与游戏以室内篮球、户外游戏、儿童滑板等产品为主，借助玩具的可操作性和互动性来锻炼儿童各器官间的协调能力、发展大动作能力、促进智力发育。

⑤ 角色扮演类玩具与游戏，如以医生与病人的角色扮演来锻炼儿童的看护与照顾能力；以市场食品售卖角色扮演来培养孩子的沟通与解说能力。孩子通过角色扮演游戏对各种生活场景进行模拟，为将来的社会技能进行预热。1990年墨西哥开设了第一家儿童职业体验主体公园Kidzania（志趣家），随后的三十年间先后落地包括日本、新加坡等19个国家。它定位于"娱乐+教育"，致力于提供丰富的职业以及社会体验、经历，让孩子们从这些游戏中学习到相关职业的基础知识和技能，甚至还能在获得劳动报酬后学会如何"理财"。所提供的职业体验包括餐饮、金融、医疗、社会公共服务等。

（4）儿童用具领域设计价值提取

儿童用具是除儿童家具与玩具以外，使用频率最高的产品。儿童用具以餐具、服装、童车、电子设备、交互式书籍为主。这些用具除了基础的生活活动辅助功能外，有一些还具有辅助成长的功能。

① 儿童餐具可将食物颜色与形状进行分类，让儿童形成认知意识，认识不同的食物类别；或是通过不同色彩和形状的食物摆放培养孩子的创造力，同时增加趣味性。

② 在儿童交互式书籍产品中，强调以有趣的互动形式来引导孩子养成良好的习惯，以一种有趣的形式潜移默化地使孩子爱上阅读。

③ 儿童电子设备包括儿童智能手表、讲故事机器人以及智能学习机等设备。利用智能化手段提供交互式沉浸体验，在近几年的儿童产品领域中逐步成为发展趋势。它们可以调动儿童的参与性并培养儿童的想象力。

（5）儿童游乐设施领域设计价值提取

儿童游乐设施分为室内游憩空间设施与室外公共活动设施。它的目的在于让儿童通过不同类型的活动，使身体各个部位得到有效锻炼，促进儿童生理器官的发展以及协调能力的提高。玩乐过程也是潜在的儿童自我强化的过程，儿童的每个行为都有可能激发其他儿童的好奇心，从而慢慢加入进玩乐中，形成群体交往与结伴活动，帮助他们学会忍让、轮流、分享、等待等社会技巧。除此以外，儿童通过视觉、知觉、听觉、嗅觉、触觉各种知觉物化的存在，感知各种事物的状态和属性，包括空间的宽窄、形状的大小、时间的长短。通过游乐设施所提供的活动，儿童的观察能力、注意力和记忆力也能得到综合发展。

① 室内游憩空间设施一般分为攀爬式、交互式和组合式，主要存在场所是儿童房、儿童博物馆、儿童游乐中心与购物中心。例如美国波士顿儿童博物馆，博物馆入口处设计为一个贯通一至三楼的网状结构的游乐设施，网状空间错落有致地悬置软木材料道具，儿童可通过该网状装置从一楼爬到三楼。每一层设置为不同的知觉体验环境，有山石、河流与泥沙等自然景观。博物馆还提供放大镜、水桶、铲子等工具，让孩子调动所有感官去观察事物、聆听自然，触摸质地的不同与温度的变化。

② 室外公共活动设施按照玩乐类型分为摇荡式、滑行式和攀爬式，这些类型的游乐设施可以为儿童提供控制感，通过四肢的摆放与协调以及力度的控制来锻炼他们的适应和掌控能力。

（6）儿童医疗设备领域设计价值提取

孩子的健康是当今医疗领域极其重视的方面，越来越多的医疗机构开始注重儿童病患的医疗体验。这里将儿童医疗设备分为缓解型、引导型、辅助成长型与游戏型，在保证设备医疗功能的基础上，注重儿童的心理安抚和医疗体验。设计师开始进行移情设计，站在儿童的角度来思考设计问题，让儿童在接受治疗的时候减轻或舒缓痛苦，不再惧怕就医，相反地，会觉得接受治疗是一个有意思的过程，有助于儿童的生理发展和心理健康。

① 引导型与辅助成长型儿童医疗设备　以EthanSchur在2013年开发的名为"Grush"的游戏牙刷为例。它依靠内置的运动传感器来追踪牙刷的动作，包括旋转、震动、按压，之后会将运动信息传输到游戏里，完成对刷牙动作的实时复制。它通过游戏的形式引导孩子正确使用牙刷，有效鼓励孩子养成勤刷牙的良好习惯，让家长更省心。

② 缓解型与游戏型医疗设备　每当打针时，孩子常会大哭大闹并不停地扭动身体，这会造成针头折断并引起药液渗入皮下组织等危险医疗事故的发生，于是美国一家公司专为这种情况设计了一款新颖止痛器械"Buzzy"。该产品的大小与普通鼠标相仿，外表以小汽车、小飞机、小蜜蜂等拟物卡通形象呈现，它能释放出冷气以减轻注射处皮肤的疼痛感，并产生振动和"嗡嗡"声来分散患儿的注意力。其生动有趣的造型可供患儿作为玩具把玩，以此转移他们对注射的恐惧感，该产品更是获得"2011年美国创新医疗器械产品奖"。

8.6　潮流趋势捕捉方法的应用

通过跨文化分析法，以微观趋势为切入点，对近几年的潮流趋势进行收集与分析。主要从儿童产品、家具、艺术作品、建筑、服装、白色家电、时尚领域、室内装饰、科技等领域，寻求具有共性的装饰元素、色彩元素、组合元素、形式元素等，最终提炼出10种微观潮流趋势：流行色（粉黄、草木绿、薄荷绿）、模块化、光影、通透、低多边形、可折叠、交互玩乐、游戏化与虚拟现实、渐变、涂鸦，并建立潮流素材库，如图8-14所示。

图 8-14 潮流素材库

第 9 章

设计输出与设计执行的创新方法应用

9.1 角色模型建立方法的应用
9.2 设计概念生成方法的应用
9.3 模型考察方法的应用
9.4 双重评估方法的应用
9.5 商业模式设计方法的应用

在设计输出与设计执行阶段，主要选取角色模型构建法、头脑风暴法、模型考察法、双重评估法与商业画布法，来开展对角色模型、设计方案生成与输出、模型考察、方案评估与商业模式设计环节的创新方法应用研究。

9.1 角色模型建立方法的应用

9.1.1 角色模型的建立

利用用户角色模型构建法，创建 3 个学龄前儿童及其家庭的角色模型来代表具有某些共性的三类典型用户人群。分别以他们的特性与需求，代表与他们具有共性的用户群。在儿童家具设计的角色模型塑造中，学龄前儿童为家具的主要使用者，家长为相关使用者，他们同时也是购买者，所以不仅要对儿童用户进行角色的构建，还要考虑家长角色的塑造。角色模型的塑造一方面应涉及儿童角色模型的个性特征描述，包括不同年龄段、不同性别儿童角色模型的生理、心理、行为发展特征、喜好；另一方面，应包括父母职业、生活状态、喜好、亲子行为以及对儿童产品的消费态度等信息。

（1）角色模型 1

此用户角色模型代表的用户群为：在满足安全需求与生理需求即一般功能需求的基础上，对情感需求和自我实现需求中的游戏性、益智互动性更加关注的用户群体（图9-1）。

用户描述：Alice，女孩，年龄 4 岁半（55 个月）。情感方面，孩子性格独立，要求独立居住在儿童房。体能方面，以小幅度的精细动作为主，能够准确地把握身体协调性，表现在手指和手腕的动作能力强。日常活动以游戏为主，早教为辅，游戏主要为"过家家"等角色扮演类游戏。4～5岁是儿童模仿心理的快速发展期,角色扮演可以帮助学龄前儿童熟悉各种社会角色,从而锻炼社会性技能,游戏过程中可以得到自我肯定与实现。学习方面,3岁时孩子就开始了识字、算数和绘画等早教课程。

图 9-1　用户角色模型 1

家庭成员:爸爸 Jacob,34 岁,金融分析师。喜欢通过体育运动来舒缓工作压力,在假期时会带全家出去旅行。妈妈 Amada,32 岁,大学老师。时间比较自由,常陪 Alice 去课外辅导班,注重孩子的情感方面发展。父母两人均十分注重孩子的教育投资,会大量购买关于儿童早教方面的玩具及用具。在购买儿童用品前会询问孩子的喜好,尊重孩子的选择。

用户在家具方面的需求:Alice 喜欢互动性强的家具,渴望玩具能和家具融为一体,充满趣味性。为了培养 Alice 的独立性,妈妈让她独立居住,但也希望家具或儿童房的环境可以给儿童以安全感或倾注更多情感上的关怀与氛围营造。爸爸注重孩子的教育,希望家具能有一些益智互动的设计,辅助孩子能力的发展。

(2)角色模型 2

此用户角色模型代表的用户群为:在满足安全需求与生理需求即一般功能需求的基础上,对情感需求和自我实现需求中的良好习惯的养成更加关注的用户群体（图9-2）。

姓名：Ploy
性别：女孩
年龄：65个月
居住地：江苏南京
爱好：阅读，安排布置自己的空间
家庭成员
爸爸：Dick
年龄：37岁
职业：珠宝首饰行业经营者
特点：平时较忙但关注孩子教育
妈妈：Ella
年龄：35岁
职业：旅游公司的管理人员
特点：注重孩子起居生活与学习方面
姐姐：June
年龄：96个月

图 9-2　用户角色模型 2

用户描述：Ploy，女孩，年龄 5 岁半（65 个月）。与 8 岁的姐姐共用一个儿童房，平时生活中姐姐会帮助妹妹完成一些能力范围以外的事情。Ploy 性格安静、喜欢阅读、爱好整洁，这一时期的儿童喜欢模仿成人行为，孩子出现一些家务劳动的模仿行为，喜欢自己布置和收拾儿童房。

家庭成员：爸爸 Dick，37 岁，珠宝首饰行业经营者，平时较忙，业余时间喜欢打桌球。妈妈 Ella，35 岁，旅游公司的管理人员。爸爸比较关注孩子的教育，妈妈管理孩子的起居生活。

用户在家具方面的需求：两个孩子的衣物和玩具都很多，因此需要大量的储物空间。由于工作繁忙，妈妈只能利用周末的时间帮孩子整理物品和房间，希望衣柜和玩具柜的分类能明确一些，辅助孩子养成良好的自主收纳习惯。

（3）角色模型 3

此用户角色模型代表的用户群为：在满足安全需求与生理需求即一般功能需求的基础上，对情感需求和尊重需求中的尊重儿童独立活动空间更加关注的用户群体（图9-3）。

用户描述：Eric，男孩，年龄 6 岁（75 个月），拥有独立儿童房。孩子很爱表现自己，能较好地表达自我感受。体能方面，处于大动作运动阶段，喜欢跑、跳、攀爬的大幅度活动，受爸爸影响十分喜爱户外拓展的运动类型，但由于年纪尚小，无法开展户外拓展类运动，故经常开展室内运动。平时的课外辅导班是跆拳道和轮滑。

家庭成员：爸爸 James，40 岁，IT 行业高管，业余时间喜欢户外拓展。妈妈 Lian，33 岁，家具行业从业人员，周末会陪孩子去课外辅导班。爸爸关注孩子的体能训练和培养，会购置室内运动设施如跆拳道桩、儿童室内篮球架等，妈妈则更多地关注孩子起居与学习。

用户在家具方面的需求：家里摆放很多儿童玩乐设施，故希望家具的空间占有率小，儿童可以有足够的独立玩耍空间；家具的可变性强，模块可以随意搭配并能有一些辅助功能促使儿童进行情感表达。

图 9-3　用户角色模型 3

9.1.2　角色模型的设计灵感提取

（1）用户角色模型 1 的家具设计灵感提取

针对用户角色模型 1，对情感需求和自我实现需求中的游戏性、益智互动性的需求要素，展开对应的家具设计灵感提取：

① 在保证安全性、舒适性、美观性的必备设计元素的基础上，从儿童家具设计领域提取的设计价值为：可变性、益智性、交互性、情感表达性、可收纳性、可涂鸦的家具设计元素。

② 从儿童玩具与游戏设计领域提取的设计价值为：益智性玩具与角色扮演游戏。益智性是为了将游戏和学习融合起来。角色扮演游戏在满足该用户角色爱好、表达个人情感的同时，有助于技能的培养，如医生角色可锻炼儿童照顾他人的技能，服务业角色可提高儿童的劳动技能。

③ 提取的潮流趋势素材为涂鸦、交互玩乐、流行色这三项。其中，流行色潮流的运用，应更贴合用户对色彩柔和的需求，在原有流行色粉黄、草木绿、薄荷绿的基础上降低明度，女童以灰度较高的浅粉色、浅薄荷绿色与浅灰白色为主。可从微观趋势去捕捉流行色，如儿童产品，包括玩具、儿童房室内装饰、儿童用具、服装、食品的配色。

（2）用户角色模型2的家具设计灵感提取

针对用户角色模型2，对情感需求和自我实现需求中良好习惯的养成需求，展开对应的家具设计灵感提取：

① 在保证安全性、舒适性、美观性的必备设计元素的基础上，从儿童家具设计领域提取的设计价值为：可收纳性、模块化与引导性家具设计元素。加强家具的储物分类功能，可以冰箱式收纳方法增加收纳空间。在引导性上采用图标式指引标示，让孩子通过视觉化方法迅速且准确地参与到自主收纳的劳动中，自然而然养成良好的收纳习惯。

② 从儿童医疗设备领域提取的设计价值为：引导性。可通过一些声控手段引导孩子正确储物，并帮助孩子缓解和克服收拾杂物的不耐烦与抗拒心理，以引导的形式完成整个过程。

③ 提取的潮流趋势素材为模块化、流行色这两项。由于同样是女童，流行色潮流素材的运用可参考角色模型1。

（3）用户角色模型3的家具设计灵感提取

针对用户角色模型3，对情感需求与尊重需求中尊重儿童独立活动空间的需求，展开对应的家具设计灵感提取：

① 在保证安全性、舒适性、美观性的必备设计元素的基础上，从儿童家具设计领域提取的设计价值为：可折叠、可移动、多变性、游戏性与情感表达性。由于儿童房面积有限，空间占有率小的家具设计元素对儿童独立活动空间的实现十分必要。将家具与体育锻炼设备进行结合，增强家具可变性；家具模块可随意搭配，结构可移动、可变化，同时在设计细节上重视情感的表达。

② 从儿童游乐设施设计领域提取的设计价值为：交互式与攀爬式。因为儿童喜爱运动，爸爸也十分喜爱拓展类运动并热衷于与孩子开展亲子活动，因此考虑将室内游乐设施设计元素融入到家具设计中。

③ 提取的潮流趋势素材为可折叠、流行色这两项。其中，流行色潮流的运用，应更贴合用户对柔和色彩的需要，在原有流行色的基础上降低明度，男童以灰度较高的鹅黄色、浅灰白与草木绿为主。

9.2 设计概念生成方法的应用

9.2.1 头脑风暴的开展

首先，针对3个角色模型将企业创新团队成员分为A组、B组、C组三个小组。由研发总监作为流程主持来把握头脑风暴过程的走向与节奏，同时在后期概念的选择上予以指导。其次，每个小组根据对于用户角色的剖析和提取的设计灵感，综合考虑企业的设计战略定位，展开新产品概念设计的初步方案，之后进行组员之间的换组讨论。继而，在主持人的指导下各组筛选出切合实际的概念，并去掉类似的、企业现有技术和资源无法实现的概念（图9-4）。

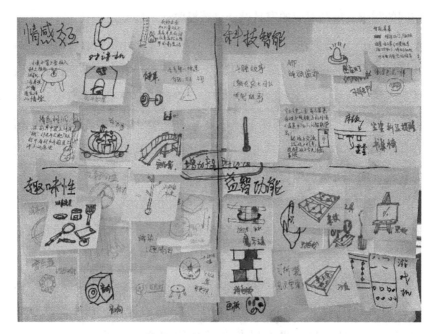

图9-4 头脑风暴的概念产生

最终，成员们对众多概念进行归类与整合，并对整合后的设计概念进行公开投票，筛选出最符合用户角色模型的三个概念设计方向，家具类型集中在床类和柜类。相似概念的提出者组成新的小组，共同将这一类型的设计概念方向落实到具体的方案设计实践中。

（1）针对角色模型1

提出具有益智功能、游戏功能、互动功能的家具设计概念。

（2）针对角色模型2

提出增强收纳分类功能，通过设计引导孩子养成自主收纳习惯的家具设计概念。

（3）针对角色模型3

提出可变性强，能够有效减少空间占用率的家具设计概念。

9.2.2　设计方案的输出

在初始方案的设计中采用CAD及草图绘制的方法，在初始方案阶段只进行产品外观、尺寸、功能与结构的设计，家具色彩与家具装饰方面将在方案优化阶段进行呈现。

（1）用户角色模型1的设计输出

根据设计元素的提取与概念设计的方向，设计出"Alice's Market"系列儿童家具（图9-5），包含儿童书柜、儿童床与玩具矮柜，以松木为主要材料。书柜以木屋的轮廓为造型，柜体下方带有滑轮以增强柜体的可移动性。储物空间分为两层，下层储物隔板处有滑轨，隔板可以抽出作为儿童书桌使用。柜体下方配一只带轮子的玩具矮柜，增强储物空间的同时方便移动。柜体侧板上部设有挂钩，方便悬挂杂物，而侧板下部的黑板便于涂鸦。为防止儿童滚落，床体设有护栏，床尾板设计为算盘造型，儿童可以拨动不同色彩的算珠，在玩乐的同时锻炼动手和计数

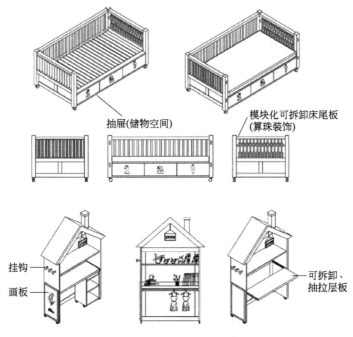

图 9-5　Alice's Market 初始方案

能力。为了更好地利用床体下方空间，将其设计为储物抽屉并以数字装饰作为拉手。经生产部门的定价核算，该方案整套价格为 10000 元。

（2）用户角色模型 2 的设计输出

根据设计元素的提取与概念设计的方向，设计出"My Wardrobe"系列（图 9-6），包含衣柜与储物矮柜，以松木为主要材料。衣柜门设计为类似于冰箱门的储物形式，以增加柜门的利用率。柜体内部分为叠放区、悬挂区以及小件存放区，分类空间明确且充足。在每个抽屉上标有指示性图标，儿童可根据图标指引自行收纳物品。矮柜采用模块化设计，因此可随意更换各抽屉的位置，儿童可根据需要自行安排收纳位置。经生产部门的定价核算，该方案定价为 6000 元。

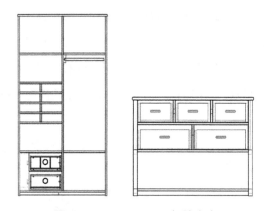

图 9-6　My Wardrobe 初始方案

（3）用户角色模型 3 的设计输出

根据设计元素的提取与概念设计的方向，设计出"Enjoy in Space"系列（图 9-7），包含儿童折叠床和双层可移动储物柜。为扩大室内活动空间，床体与柜体为一体化结构，床体折叠时可收入柜中，既提高家具的可移动性又减少了空间占用率。学龄前后期的儿童处于喜欢跑、跳、攀爬的大幅度活动的阶段，故将折叠床体底部设计为木板孔洞式结构的攀岩类活动装置，当床体折叠收入柜中，儿童可进行室内攀岩并可根据个人情况调整装置的位置与高度。储物柜根据床的状态而移动，柜体的抽屉采用模块化设计，可随意变换位置。柜体与床体垂直状态下，柜体背板作为背景墙，供用户根据情感需要更换背景贴纸，营造不同的场景体验。该方案由于功能和工艺较复杂，生产部门核算整套价格为20000元。

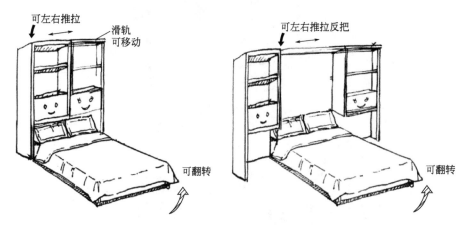

图 9-7　Enjoy in Space 初始方案

9.3　模型考察方法的应用

9.3.1　模型的构筑与考察

模型构筑的过程是各组组员选择合适的材料，按模型与实物1∶5的比例进行高保真或低保真模型的搭建工作。在这一阶段，可使用纯色模型，也可制作彩色模型或使用其他辅助材料尽可能将模型制作得与方案接近。在应用研究中，主要使用PVC材质作为模型基材，这种材料所呈现的效果接近产品的真实状态。相较于企业原本使用木材进行1∶1的家具打样来说，这种形式更加节省人力、物力与时间，避免资源的浪费与开发的风险（图9-8）。在模型构筑完成后，进入模型考察阶段，各小组成员介绍并描述模型制作过程中遇到的问题，并由其他小组成员进行模拟使用，之后分别对各方案提出需要进一步优化的意见。

图 9-8 方案模型

9.3.2 考察结果与优化措施

根据模型考察的结果提出优化措施，并输出最终的效果图方案，具体如下：

（1）针对"Alice's Market"提出的优化方案（图 9-9）

① 儿童书柜与床可组合使用，对各家具的尺寸进行进一步优化以增强适配性。储物柜下方所配的矮柜移出时，床头可部分塞入书柜中形成半封闭空间，给独立睡眠的儿童以安全感与情感上的安慰。这种可合并、可拆分的家具形式，使得用户可以灵活地根据儿童房户型进行布局。

② 床底抽屉的图标把手应由数字换为各种物品的分类指示性图标，

以引导孩子正确地进行自主收纳。床尾板由固定的算盘式装饰设计为可更换的益智装置模块，以增强产品的可变性、模块的多样化。

图 9-9　Alice's Market 最终方案

（2）针对"My Wardrobe"提出的优化方案（图 9-10）

衣柜内部的储物空间应设置为抽屉式收纳形式，抽屉板表面应有图标标识，以引导孩子自主分类和正确储物。

（3）针对"Enjoy in Space"提出的优化方案（图 9-11）

① 在实际操作中发现，原定床的长度会导致床体无法折叠收入柜体，故将床体长度缩短。

② 应在柜体上下连接部位安装滑道，以保证柜体的延展与收缩。

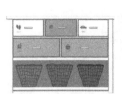

图 9-10　My Wardrobe 最终方案

图 9-11　Enjoy in Space 最终方案

9.4　双重评估方法的应用

9.4.1　企业评估法的应用

（1）评估对象与评估方法

评估对象除"Alice's Market""My Wardrobe""Enjoy in Space"三个新方案以外，还选取"S"品牌中的明星类盈利产品为评估样本，以方便企业进行产品设计方案创新前后的对比。各方案名称以首字母代替，分别为"A""M""E""S"。

从企业角度进行评估，评估方法采用综合评价法与公式评价法。组织企业内部设计总监、品牌总监、销售总监、设计师与企业外部的行业专家组成企业评估团队，对四个方案进行讨论与打分评估。在深入讨论与得分统计后，可采用品牌设计定位中的定位图法来评判方案是否符合企业的设计战略定位，特指企业的品牌设计定位。

（2）评估指标与评估结果

打分方法、指标与评分等级均可与前期战略定位中的指标保持一致。按高价位、低价位、功能、情感、传统、创新6个指标，用5级评分法，对3个创新方案与1个企业原有方案进行评估。以传统与创新、功能与情感为横坐标，高价位与低价位为纵坐标，各轴设为10个等级。因该企业的品牌设计定位为提高情感与创新、价格低于原有产品，故本评估中只关注方案的情感、创新、价位这三个指标的得分。本评估中，价格超过5000元的属于高价位指标。

根据得分值绘制评估定位图，如图9-12所示。图中"A"方案价格中高，情感与创新指标明显高于其他方案。"M"方案价格最低，与企业原有方案相比较具有创新性，但程度不高。"E"方案占据最高价位，其较强的可变性与玩乐性的设计使得这一方案在情感与创新上的表现力不俗。企业原有方案"S"属于价格中高、功能强、较为传统的产品类型。由此可见，"A"方案最符合企业的设计战略定位，且该方案在创新性与情感表达上优于企业原有设计方案。

9.4.2 用户评估法的应用

（1）评估对象与评估方法

由于儿童对各评估指标的理解力与判断力可能存在不足，故选取消费用户即成人（家长）进行评估。本书中所讨论的用户评估，主要是用户对方案各设计指标是否满足需求及满足程度进行评估。

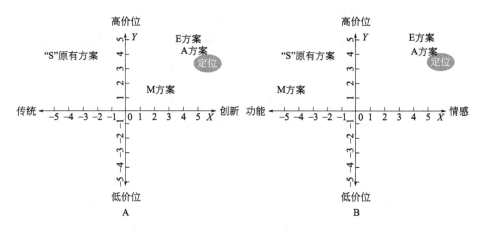

图 9-12　各方案的企业评估定位图

评估方法采用实验评价法与公式评价法,邀请前期用户行为研究中的家长们作为评估用户。首先对用户进行产品相关的设计说明,继而让用户对模型进行简单操作试用,以试验产品各项功能,之后要求用户依照评估标准对各方案进行打分。最终分数可按照竞争产品研究中的定标分析法即雷达图形式来展示评估结果。

（2）评估指标与评估结果

评估指标指针对产品设计层面的评估指标,可与前期竞争产品研究中的指标保持一致,即价格、安全性、设计感、空间利用率、可独立操作性、可变性、游戏趣味性、情感表达性和益智互动性。一方面这些指标基本囊括了用户的需求要素；另一方面,可检验各设计方案是否符合企业的设计战略定位,特指产品设计定位。各指标分值满分为 5 分,最低 1 分,最高 5 分。

根据得分值绘制的用户评估定标图,如图 9-13 所示。"A"方案的设计感、益智互动性、游戏趣味性和情感表达性这几个指标得分最高,能够较好地满足用户的需求,与企业设计战略中产品设计的定位相吻合。"M"方案在这几个指标上的表现力较逊色,无法充分满足用户对益智互动性、情感表达性等要素的需求。"E"方案的劣势在于价格偏高、设计感较弱，用户对于其折叠功能的安全性抱有怀疑态度。企业原有方案"S"的各指标得分相对最低。

企业评估与用户评估结果均显示，"A"方案最符合企业的设计战略定位，其用户接受度也最高，故该方案可作为最优方案进入后期的设计执行阶段。

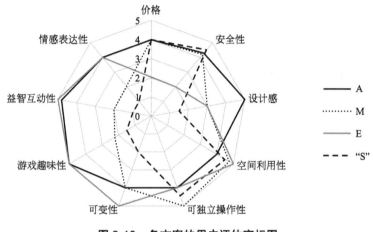

图 9-13 各方案的用户评估定标图

9.5 商业模式设计方法的应用

在创新设计程序最后的设计执行阶段，选取设计评估中最符合企业设计战略定位与用户需求的"Alice's Market"方案开展具体的商业模式设计，并绘制商业画布，如图 9-14 所示。

商业模式可根据设计输入阶段企业树立的创新愿景进行设计：即拓展盈利模式、提升产品表现力、加强用户参与度。这些创新愿景与商业画布中的部分模块相对应，如拓展盈利模式对应商业画布中的收益流，即企业通过什么样的产品或服务获得更多的收益。同时也对应渠道模块,即通过什么途径扩大盈利。提升产品表现力的创新愿景对应商业画布中的价值主张模块,即提供什么样的产品或服务的价值及性能,以满足消费者的需求。加强用户参与度的创新愿景则与消费者关系模块相对应,即用户可以何种形式参与到企业的产品或服务之中。

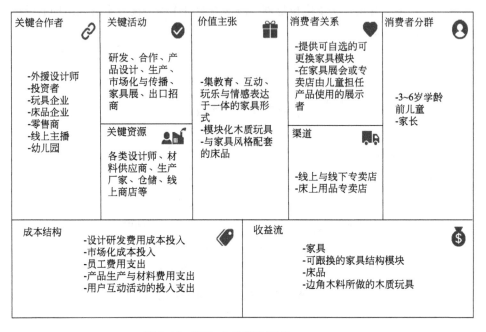

图 9-14 "S"企业商业画布

(1) 消费者分群模块

产品的目标用户群是 3～6 岁的学龄前儿童及其家长,他们不喜欢一成不变的产品样式、热衷于追求变化,并希望以寓教于乐的形式,培养孩子的某些生活技能。

(2) 价值主张模块

与"S"企业现有的家具类型不同,原有家具在功能、结构、形式上都较为单一,而"Alice's Market"方案为消费者提供的是一种集教育、互动、玩乐与情感表达于一体的多样化家具形式。该方案的价格适中,可通过其他附加产品与附加价值提高企业的收益,如将家具制造过程中的边角料制作为模块化零部件与木质玩具,也可以提供与家具风格相匹配的床上用品,如图9-15所示。在原有产品的基础上实现增值,使得盈利模式更为多元化。

图9-15 创新后"S"企业的价值主张

(3)渠道模块

首先,改企业仅有的实体店模式为线下与线上共同销售的模式。其次,拓展店铺的类型与范围,除家具专卖店外还可以加入床上用品专卖店的销售渠道,多渠道同样可以拓展企业的盈利模式。

(4)消费者关系模块

为消费者提供可自选、可更换的家具模块,加强用户与产品之间互动的高黏度。此外,在家具展会或专卖店邀请儿童担任产品使用的展示者,可增强用户的体验感与参与度。

(5)关键资源模块

既有物质资源又有人力资源,包括产品设计师、产品研发者、结构设计师及其他相关工作人员、材料供应商、家具生产厂家、合作代工厂家、仓储、线上商店。

(6)关键合作者模块

随着价值主张的拓展,关键合作者也注入了新的活力,除了企业内部的设计师以外,还可以与外援设计师、投资者、玩具企业、床上用品企业、零售商、线上主播、幼儿园开展合作。

（7）关键活动模块

该模块包括研发、合作、设计、生产、市场化与传播、展销、出口招商等贯穿产品全生命周期的关键活动节点。

（8）成本结构模块

包括设计研发费用的成本投入、市场化成本投入、员工费用支出、产品生产与材料费用支出、用户互动活动的投入支出。

（9）收益流模块

企业原本的收益是仅凭家具售卖而获利的单一模式，而现有方案的收益拓展至可更换的家具结构模块、床上用品与木质玩具的配套出售。

参 考 文 献

[1] Osterwalder A, Pigneur Y. Business Model Generation [M]. US: John Wiley & Sons, 2010.

[2] Baregheh A, Rowley J, Sambrook S. Towards a multidisciplinary definition of innovation [J]. Management Decision, 2009, 47(8):1323-1339.

[3] Webb J R. Scrapping new product development efforts: when to keep going, when to fold [J]. Journal of Business Strategy,2016,37(4) :32-40.

[4] Roberto V. Design as brokering of languages: The role of designers in the innovation strategy of Italian firms [J]. Design Management Journal, 2003, (12):42.

[5] Alves J, Maria J, Marques, Saur I. Building creative ideas for successful new product development [C]. The 9th European Conference on Creativity and Innovation, Poland,2005.

[6] Lotterberger A. Design, innovation and competitiveness in the textile industry: Upstream design driven innovation[D]. Milan, Italy: Politecnico di Milano, 2012.

[7] 刘曦卉.设计管理[M].北京:北京大学出版社,2019.

[8] 陈劲,郑刚.创新管理赢得持续竞争优势[M].北京:北京大学出版社,2018:8.

[9] Cautela C, Simoni M, Zurlo F. New wine in old bottles or new bottles for new wine? Product language approaches in design-intensive industries during technological turmoil [J]. Creativity and Innovation Management,2019,27(2): 133-147.

[10] 中华人民共和国国民经济和社会发展第十四个五年规划和2035年远景目标纲要[DB].中华人民共和国中央人民政府网.http://www.gov.cn/xinwen/2021-03/13/content_5592681.htm.

[11] OECD/Eurostat. Oslo Manual 2018: Guidelines for Colleting, Reporting and Using Data on Innovation 4 th Edition[M]. European Union Print, 2018.

[12] 徐志磊,董占勋,于钊.创新设计新思维[J].机械设计,2019(04):02-04.

[13] 路甬祥."设计的进化与面向未来的中国创新设计"[J].全球化, 2014(06): 5-13.

[14] 陈劲,尹西明,梅亮.整合式创新:基于东方智慧的新兴创新范式[J].技术经

济,2017(12):01-09.

[15] 张楠，王居源.设计创新驱动的新产品开发模糊前端管理研究——以长三角传统制造企业为例[J].经济问题,2020(09):72-77.

[16] 创新设计发展战略研究项目组.创新设计战略研究综合报告[M].北京:中国科学技术出版社,2016.

[17] Huge D. How do you design[R].US. San Francesco, Dubberly Design Office, 2005.

[18] Donald A N,小柯.设计思维[J].设计,2015,12:115-122.

[19] 王可越,税琳琳,姜浩.设计思维创新引导[M].北京:清华大学出版社,2017.

[20] 柳冠中.设计方法论[M].北京:高等教育出版社,2011:254.

[21] Bagnall J. The Universal traveller: a companion for those on problem-solving journeys and a soft-systems guide book to the process of design[M]. Los Altos, Calif: Kaufmann, 1972.

[22] Kumar V, Whitney P. Daily life, not markets: customer-centered design[J]. Journal of Business Strategy,2007,28(4):49-50.

[23] 翟丽,洪志娟,张芮.新产品开发模糊前端研究综述[J].研究与发展管理,2014(04):106-115.

[24] Hayes R H, Whelwright S G. "The dynamics of process-product life cycles"[J]. Harvard Business Review, 1979,57(2):127-136.

[25] Arro E, Vris D L, Panfely P. APQC International Benchmarking Clearinghouse. "Managing innovation for new product development: New product development: The fuzzy front end" [R]. American Productivity & Quality Center, 1998, 1(1):7-8.

[26] Cagan J, Vogel C.创造突破性产品:揭示驱动全球创新的秘密(中文版.原书第2版)[M].辛向阳,王晰,潘龙,译.北京:机械工业出版社,2017:9.

[27] 李若辉,关惠元.设计创新驱动下制造型企业转型升级机理研究[J].科技进步与对策,2019(03):83-89.

[28] Mozota D B B, Wolff F. Forty Years of Research in Design Management: A Review of Literature and Directions for the Future[J]. Strategic Design Research Journal, 2019, 12(1):4-26.

[29] Kelly L.Ten Types of Innovation [M].US:John Wiley,2013.

[30] 袁彬悠,吕红波.波士顿矩阵应用扩展研究[J].经营与管理,2012(6):85-89.

[31] 甘碧群.国际市场营销学[M].北京:高等教育出版社,2001.

[32] 戴立农.设计调研[M].北京:电子工业出版社,2014:277.

[33] 胡飞,杜辰腾.用户观察框架比较研究[J].南京艺术学院学报(美术与设计),2012,(02):178-184.

[34] 樽本徹也.用户体验与可用性测试[M].陈啸,译.北京:人民邮电出版社,2017.

[35] Buza T.思维导图[M].卜煜婷,译.北京:化学工业出版社,2015:102-107.

[36] 董君.利用思维导图进行产品创新设计[J].家具,2011(4):33-35.

[37] 张楠,关惠元, Zurlo F.儿童家具设计研究及创新方法[J].南京艺术学院学报(美术与设计),2018,2(06):190-192.

[38] Raymond M.什么是时尚设计预测[M].江源,译.北京:中国纺织出版社,2013.

[39] 用户画像[DB].https://baike.baidu.com/item/用户画像/22085710?fr=aladdin.

[40] Kelley T. The ten faces of innovation[M]. Doubleday,2005.

[41] 柳冠中.设计是"中国方案"的实践[J].工业工程设计,2019,12(01):1-8.

[42] 布鲁斯·布朗,等.设计问题:创新模式与交互思维[M].孙志祥,辛向阳,译.北京:清华大学出版社,2017:135.

[43] 张楠,关惠元.基于差异化战略的设计定位与用户细分——以我国儿童家具行业为例[J].山西大学学报（哲学社会科学版）,2018,41(03):106-113.

[44] 迈克尔卢克斯,斯科特斯旺,阿比格里芬.设计思维PDMA新产品开发精髓及实践[M].马新馨,译.北京:化学工业出版社,2019.

[45] 迈克尔波特.竞争战略[M].陈丽芳,译.北京:中信出版社,2014.

[46] 迈克尔波特.国家竞争优势（上）[M].李明轩,邱如美,译.北京:中信出版社,2012.

[47] 柳冠中.原创设计与工业设计"产业链"创新[J].美术学报,2009(01):11-13.

[48] 代尔夫特理工大学工学设计工程学院.设计方法与策略:代尔夫特设计指南[M].倪裕伟,译.武汉:华中科技大学出版社,2014:1.

[49] 蔡军,李洪海,饶永刚.设计范式转变下的设计研究驱动价值创新[J].装饰,2020(05):10-15.

[50] 檀润华,曹国忠,刘伟.创新设计概念与方法[J].机械设计,2019,36(09):1-6.

[51] 胡洁,戚进.创新设计方法之融合创新[J].机械设计,2019,36(11):1-5.

[52] 刘吉昆.设计管理及其提出的背景与价值[J].装饰,2014(04):12-14.

[53] 刘曦卉.知识经济范式下的创业型设计管理特征:以Netflix的OTT商业模式为

例[J].装饰,2020 (05):20-24.

[54] 刘新.好设计好商品——工业设计评价[M].北京:中国建筑工业出版社,2011.

[55] 乔·蒂德,约翰•贝赞特.创新管理:技术变革、市场变革和组织变革的整合(第4版)[M].陈劲,译.北京:中国人民大学出版社,2012:6.

[56] Mozota D B B, Valentine L, Nelson J.The Value of Design Research [J]. The Design Journal,2016,19(2):187-193.

[57] Sato K,冯梓昱,胡飞.设计研究与设计知识[J].包装工程,2020,41(4):1-9.

[58] 赖红波.设计驱动产业创新系统构建与产业转型升级机制研究[J].科技进步与对策,2017, 23(34):71-76.

[59] 钱晓波.在传统制造型企业中引入产品服务系统设计策略[J].装饰,2015 (10):114-117.

[60] 博丽塔•博雅•德•墨柔塔.设计管理:运用设计建立品牌价值与企业创新[M].范乐明,汪颖,金城,译.北京:北京理工大学出版社,2007.

[61] 娄永琪,姜晨菡,徐江.基于"创新设计"的国家设计竞争力评价研究[J].南京艺术学院学报(美术与设计),2018 (01):01-05.

[62] John H.约翰赫斯科特读本：设计、历史、经济学[M].吴中浩,译.南京:江苏凤凰美术出版社,2014:5.

[63] 柳冠中.论重组资源、知识结构创新的创造方法——事理学[J].室内设计与装修,2004(07):12-15.

[64] 张楠.基于用户隐性需求的家具创新设计研究[J].装饰,2021(04):98-101.

[65] Verganti R. Design-Driven Innovation: Changing the rules of Competition by Radically Innovating What Thing Mean[M].MA: Harvard Business Press,2009.